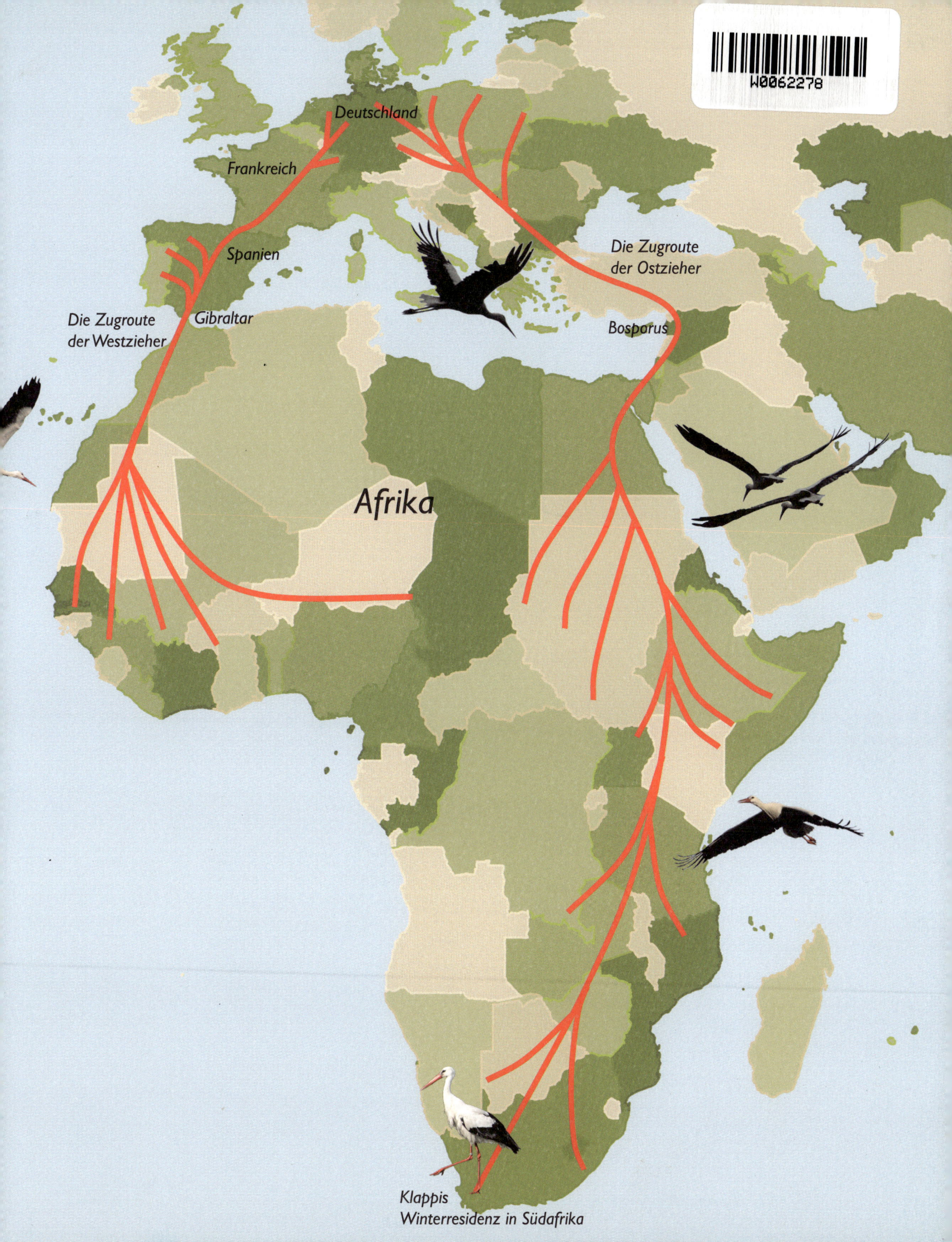

Deutschland

Frankreich

Spanien

Die Zugroute
der Ostzieher

Gibraltar

Die Zugroute
der Westzieher

Bosporus

Afrika

Klappis
Winterresidenz in Südafrika

Vera Trachmann

Klappi Weißstorch
Clacky the White Stork

Schlauberger Verlag

Danksagung

Mein herzlicher Dank geht an
Achim Johann, Leiter des Naturzoos und
Storchenreservats Rheine
und sein tolles Team.
Durch sie war es mir möglich, die
Störche in ihrer natürlichen Umgebung
und aus nächster Nähe zu fotografieren.

Dank auch an Jürgen Klein
(Bachelor of Art and Design)
und Lynn Schreuer.
Mit viel Geduld und Können haben Sie
meine Ideen umgesetzt und ein schönes
Layout geschaffen.

Dank auch an Harald Trachmann,
Arno Merkel, Ros Mendy,
Meike Lechler, Dr. Irmgard Meissl und
Hannelore Abt, die alle daran mit-
gearbeitet haben, dass Klappi fliegen kann.

Acknowledgements

My heartfelt thanks go to
Achim Johann, Director of the Rheine
wildlife park and stork reserve,
and his fantastic team
for letting me photograph the storks at
close range and in their natural
surroundings.

Many thanks also to Jürgen Klein
(Bachelor of Art and Design)
and to Lynn Schreuer
for implementing my ideas with so
much patience and skill and producing
a beautiful book layout.

I would also like to thank
Harald Trachmann,
Arno Merkel, Ros Mendy, Meike Lechler,
Dr. Irmgard Meissl and Hannelore Abt,
who have all helped Clacky take off.

Ein Schlauberger Buch für:

A Schlauberger book for:

Inhaltsverzeichnis

Contents

Kapitel 1

Klappi, ein ganz besonderer Storch

Kapitel 2

Klappi kommt zurück

Kapitel 3

Die Storchenburg wird renoviert

Kapitel 4

Birdy kommt

Kapitel 5

Ein neuer Tag beginnt

Kapitel 6

Familiengründung

Kapitel 7

Gefahr in der Nacht

Kapitel 8

Die Storchis schlüpfen

Chapter 1

Clacky, a very special stork

Chapter 2

Clacky returns

Chapter 3

Renovating Stork Castle

Chapter 4

Birdy arrives!

Chapter 5

A new day dawns

Chapter 6

Starting a family

Chapter 7

Danger in the night

Chapter 8

The stork chicks hatch

Kapitel 9	Chapter 9
Geschafft!	**Made it!**
Kapitel 10	Chapter 10
Die Storchis werden größer	**The stork chicks grow**
Kapitel 11	Chapter 11
Die Storchis lernen fliegen	**The stork chicks learn to fly**
Kapitel 12	Chapter 12
Unsere Storchis werden flügge	**Our stork chicks are fully fledged**
Kapitel 13	Chapter 13
Der Abschied	**Farewell**
Kapitel 14	Chapter 14
Der Storchensommer geht zu Ende	**The stork summer draws to a close**
Kapitel 15	Chapter 15
Klappis Bitte an die Menschen	**Clacky's plea to humans**

Mit dem Storch auf Weltreise

„Mutabor!"

Rufen der Kalif Chasid zu Bagdad und der Großvezier Mansor. Sie schnupfen eine kräftige Prise Zauberpulver und verwandeln sich in Störche. Doch der Wunsch, einmal Storch zu sein, endet bitter im Hauffschen Märchen „Kalif Storch".

Die beiden vergessen das lateinische Zauberwort, mit dem sie sich wieder in Menschen zurück verwandeln können.

Dem Storch wird jedes Kind schon mal begegnet sein: wenn nicht in Hauffs Märchen, dann in der Fabel von Aesop „Der Fuchs und der Storch" oder im Gedicht „Beruf des Storches" von Goethe. Vielleicht auch auf einem Wappen oder auf einem Gemälde. Im Frühling und Sommer ist das Geklapper des Storches für manche Kinder aus ländlichen Regionen sogar ein vertrautes Alltagsgeräusch.

Der Storch als typischer Kulturfolger lebt eng mit dem Menschen zusammen. Er nistet gerne auf hohen Dächern, Schornsteinen und Stromleitungsmasten. Im europäischen Storchendorf Rühstedt im nördlichen Brandenburg fliegen jedes Jahr sogar bis zu 70 Störche die Horste an, um hier ihren Nachwuchs groß zu ziehen.

Das war nicht immer so. Erst zwischen 1000 und 1350 nach Christi entstand mit der Rodung der Au- und Bruchwälder an feuchten Standorten neuer Lebensraum für den Storch. Der ursprüngliche Baum- und Felsbrüter wanderte aus dem Südwesten und Osten nach Deutschland ein und fing an „Kunstfelsen", also Häuser von Menschen, zu besiedeln.

M öglich wurde das enge Zusammenleben von Mensch und Storch vor allem aber dadurch, dass der Storch in unseren Breiten nicht bejagt wurde.

Der Storch wurde in manchen Städten im 17. und 18. Jahrhundert sogar mit Trompetenblasen begrüßt. Er galt nach den langen, kalten Wintern als Frühlingsbote.

Bis heute sagt man ihm nach, dass er Kinder, Glück und Wohlstand bringt. Er soll für Rekordernten sorgen, die Ehe hüten und das Haus vor Blitzeinschlag schützen.

Auch in anderen Ländern genießt der Storch hohes Ansehen. So verkörpert er nach dem Volksglauben des alten Griechenlands, Mazedoniens, Bulgariens und den muslimischen Ländern des nahen Ostens und Marokkos die Toten. Noch heute gibt es in der arabischen Welt den Glauben, dass der Storch für die Seelen von toten Moslems steht, die es zu Lebzeiten nicht geschafft haben nach Mekka zu pilgern. Im Körper des Storches wird diese Reise nachgeholt. Der Storch wird von Moslems daher besonders verehrt.

In anderen Regionen wurde dem Storch seine hohe Wertschätzung auch zum Verhängnis. So wurde seinem Fleisch heilende Kraft zugesprochen.

Einer Brühe aus jungen Störchen sagte man etwa nach, die Sehkraft zu verbessern. Hildegard von Bingen, Benediktinerin und Heilkundlerin (1098-1179), empfahl Storchenfett, um Aussatz (Lepra) zu behandeln.

Als Zugvogel fasziniert der Storch durch seine Orientierungsleistungen und durch die unglaublichen Zugstrecken, die er zurücklegt. Berühmtheit erlangte die Storchendame „Prinzesschen", die 12 Jahre mit einem Rucksack-Sender bei ihrem Flug von Loburg (Sachsen-Anhalt) nach Südafrika begleitet wurde - 2006 sogar von einem Fernsehteam. Viele Naturfreunde verfolgten ihren Flug bis zu ihrem Tod 2006 über das Internet und fieberten jedes Jahr aufs Neue ihrer Ankunft entgegen.

Auch für Wissenschaftler ist der Storch ein interessantes Forschungsobjekt, denn er zeigt sehr eindrücklich die Auswirkungen des Klimawandels auf das Zugverhalten.

Nicht zuletzt ist der Storch seit 1966 Wappentier eines der größten Naturschutz-verbände dem Naturschutzbund (NABU) und seiner selbstständigen Jugend-organisation, der Naturschutzjugend (NAJU) und somit Symbolfigur für Umwelt- und Naturschutz. Rudi Rotbein, der kleine freche Storch und Maskottchen der NAJU setzt sich zusammen mit Hunderten von Kindern für den Schutz von Umwelt und Natur ein.

In dem vorliegenden Buch können Kinder die Welt aus Storchensicht erleben. Sie sind dabei, wenn Klappi Nachwuchs bekommt und sind Zeugen, als er einen Fuchs in die Flucht schlägt.

Die Geschichte von Klappi eignet sich hervorragend, um den Jahreszyklus eines Weissstorches kennen zu lernen.

Durch die kleinen Infokästen erfahren kleine Schlauberger noch mehr über den Storch, seine Biologie und Ökologie.

Der Storch ist Sympathieträger über alle Kulturen und Völker hinweg.

Vielleicht stachelt dieses Buch Kinder an, von ganz allein noch mehr über Störche in Geschichten, Wappen, Namen und Bräuchen zu suchen, oder sogar einen Storch in freier Wildbahn zu besuchen. Denn man muss sich nicht gleich in einen Storch verwandeln, um ihn besser kennen zu lernen.

Viel Spaß beim Schmökern wünscht euch

Rudi Rotbein und sein NAJU Team,
Meike Lechler, Leiterin Kinderbereich

Liebe Kinder,

Klappi der Weißstorch, den ihr in diesem Buch kennen lernt, ist ein ganz besonderer Storch. Er macht nicht immer das, was seine Storchenverwandten machen. Die bauen ihre Nester nämlich hoch oben, in den Bäumen, auf Hausdächern, Kirchtürmen und auf Schornsteinen.

Nicht so Klappi. Der hat sich für sein Storchennest einen ganz ungewöhnlichen Platz ausgesucht. Auf dem Stumpf einer alten Weide hat er sich mit seiner Storchenfrau im Laufe der Jahre eine richtig prächtige Storchenburg gebaut. Dorthin kommt er jedes Jahr im Frühling aus Afrika zurück.

Und von dort wird er uns nun erzählen, wie schön und wie spannend, aber auch wie gefährlich sein Storchenleben ist.

Hört ihm doch einfach zu.

Viel Freude mit Klappi wünscht euch

Eure Vera Trachmann

Dear children,

Clacky, the white stork, who you will meet in this book, is a very special stork, who does not always do what the other storks do. They build their nests high up in trees, and on house roofs, church towers and chimneys. But not Clacky.

He has chosen a very unusual place for his stork nest. He and his wife have built a really magnificent stork's nest over the years on the stump of an old willow tree. This is where he returns to from Africa every spring. And it is from here that he tells us about his wonderful and exciting, but dangerous life as a stork.

Just sit back and listen.

Have fun with Clacky!

Klappi kommt zurück

„Klapp, klapp, Klapperdiklapp"

Hallo, ich bin Klappi, Klappi Weißstorch! Gerade eingeflogen aus Afrika und gelandet auf Storchenburg, meiner Sommerresidenz.
Nicht zu früh und nicht zu spät. Pünktlich wie immer und gut in der Zeit.
Komme ich zu früh, finde ich nicht genug zu futtern.
Das wäre grässlich!
Komme ich zu spät, sitzt vielleicht schon ein anderer Storch in meiner schönen Storchenburg.
Das wäre entsetzlich!
Doch alles ist bestens, keiner sitzt in meinem Nest.

Clacky returns

'Clack, clack, clackety-clack!'

Hello, I'm Clacky. Clacky, the white stork. Just flown in from Africa and newly landed at Stork Castle, my summer residence. Not too early and not too late, but punctual as ever and right on schedule. If I get here too early I won't be able to find enough food to eat. That would be terrible!
And if I arrive too late, I might find another stork sitting on my beautiful nest. And that would be awful!

But everything is just fine and no one is sitting on my nest.

I ch muss niemanden vertreiben und kann mir einen Kampf ersparen. Denn das muss ich gestehen, nach diesem langen und gefährlichen Flug bin ich wirklich müde und nicht zum Kämpfen aufgelegt.

Da räume ich lieber meine Storchenburg ein bisschen auf, lockere die Zweige, suche mir was Gutes zu futtern und dann erst einmal Pause - Mittagsschläfchen!!!

I don't have to chase anyone away and don't need to fight anyone. I must admit I'm pretty tired after my long and dangerous flight and I'm not in the mood for fighting.

I'd rather tidy my nest a bit, loosen up the twigs, find something good to eat and then stop and have an afternoon nap!!!

Villa Storchenburg
Klappi & Birdy Weißstorch
Storchenburg auf der alten Weide
Storchenreservat Rheine

Na ja, schlafen, dazu habe ich eigentlich keine Lust.
Dazu bin ich viel zu neugierig. Ausruhen und die Umgebung im Auge behalten und schauen, wer da noch so alles einfliegt in die leeren Storchennester, das gefällt mir.

Dabei kann ich euch ein wenig darüber erzählen, was ich auf meinen langen, gefährlichen Flügen so alles erlebt und gesehen habe, denn das wird euch sicherlich interessieren.

Well, actually I'm not in the mood for sleeping.
I'm far too interested in what's going on around me.
I'll have a rest and keep an eye on things and see who flies into the empty nests.
I like doing that.

And while I'm doing that I can tell you a bit about all the things I've seen and done on my long, dangerous journeys. I'm sure you'll find it interesting.

anger Flug, sagte ich! Genauer gesagt, sehr langer Flug. 10 000 Kilometer bin ich geflogen, von Südafrika nach Deutschland, und das alles in nur zwölf Wochen.

Gute Leistung, Klappi!

Natürlich schaffe ich das nicht in einem Stück, auch wenn ich inzwischen ein erfahrener Langstreckensegelflieger bin. Aber schließlich werde ich auch mal müde und muss schlafen und futtern. Das geht nun mal nicht im Fliegen, ist doch klar.

I said it was a long flight. I should really have said that it was a very long flight.
I flew 10,000 kilometres, from South Africa to Germany in just twelve weeks.

Good work, Clacky!

Of course I can't do all that in one go, even though I'm now an experienced long-distance gliding expert.
I get tired sometimes and I have to sleep and eat.
And you can't do that while you're flying, can you?

13

Außerdem, bei Nacht fliegen, wenn ich nichts sehe, nein danke! Das ist mir viel zu gefährlich.

Das Fliegen bei Tage ist schon riskant genug. Morgens, nachdem ich mich geputzt und mein Gefieder in Ordnung gebracht habe und die Sonne den Boden erwärmt hat, fliege ich los. Dann brauche ich nur ein paar Flügelschläge, bis mich die warme, aufsteigende Luft in großen Kreisen immer höher und höher trägt so lange, bis ich meine optimale Reisehöhe erreicht habe. Dann kann ich auf meinen großen Schwingen wunderbar segeln. Nur wenn ich Hunger habe, lege ich eine kleine Pause ein und suche mir ein paar leckere Happen. Danach starte ich wieder und fliege so lange, bis ich am späten Nachmittag meinen Rastplatz für die Nacht erreicht habe. Dort treffe ich mich mit vielen anderen Störchen und zusammen verbringen wir die Nacht.

In any case, I don't want to fly at night when I can't see anything. No thank you! That would be far too dangerous.

Flying in the daytime is risky enough. I set off in the morning, once I've cleaned myself and tidied my feathers and the sun has warmed the ground. A few wing beats are all I need to find the warm upcurrents of air that carry me higher and higher in wide circles until I reach the perfect altitude for travelling. Once I'm up there, my large wings are great for gliding. I only stop for a bit when I get hungry and look for a few tasty things to eat. Then I set off again and fly until late afternoon when I reach my resting place for the night. There I meet up with lots of other storks and we spend the night together.

Gut ausgeruht, setzte ich die Reise am nächsten Morgen fort. Übrigens, meine Reiseroute und meine Rastplätze, die kenne ich ganz genau. Und wo ich die guten Plätze mit reichlich Futter finde, das weiß ich natürlich auch. Damals, vor sieben langen Jahren, als ich bei meinen Eltern aus dem Nest ausgezogen bin, packte mich ganz plötzlich die Reiselust.

Ich musste einfach los fliegen,

und ich wusste bei meinem ersten großen Flug schon ganz genau, wohin ich fliegen musste.

Woher ich das so genau wusste? Na ja, darüber haben kluge Menschen schon viel geforscht, aber noch keiner hat es so genau heraus bekommen. Ein innerer Kompass scheint uns Zugvögel den richtigen Weg zu zeigen. Nur das ist für uns wichtig.

Gefährlicher Flug, sagte ich, genauer gesagt, sehr gefährlicher Flug! Überall lauern Gefahren.

The next morning, when I am well rested, I continue my journey. I know exactly which way to fly and where to stop and rest. And of course I also know where the good eating spots are.

Seven long years ago, when I left my parents' nest, I suddenly felt the urge to travel.

I just had to fly off,

and even then, on my first long trip, I knew exactly where I had to fly to.

How did I know? Well, clever people have done lots of research into this, but no one has managed to find out exactly.

We migratory birds seem to have an internal compass that shows us the right way. That's all that matters to us.

I said it was a dangerous flight. I should really have said that it was very dangerous! Dangers lurk everywhere.

Manchmal schießen Menschen auf uns Störche, weil sie meinen, wir wären eine gute Mahlzeit für sie.

Große Strommasten, die uns Störche zum Ausruhen einladen, müssen sehr vorsichtig angeflogen werden.

Bloß nicht mit den großen Flügeln die Stromleitungen berühren, sonst bekommen wir einen elektrischen Schlag und verbrennen.

An vielen Stellen, an denen wir Störche seit Hunderten von Jahren unsere Rastplätze hatten, haben die Menschen jetzt Straßen und Häuser gebaut oder haben Wiesen und Teiche trocken gelegt.

Da gibt es für uns keinen Platz und keine Nahrung mehr.

Viele Störche müssen sich deshalb auf ihrer langen Reise nach Afrika ihr Futter sogar auf großen Müllkippen suchen.

Sometimes people shoot at storks because they think we would make a good meal.

Tall electricity pylons, which make attractive resting places for storks, have to be approached very carefully.

Whatever we do, we mustn't touch the power lines with our wings or we will get an electric shock and burn to death.

In many areas used by storks as resting places for hundreds of years, people have now built roads and houses and have drained the meadows and ponds.

Then there is nowhere for us to go and no food for us to eat.

So when they are making their long journey to Africa, lots of storks have to look for food on big rubbish tips.

Aber was sie dort finden, kann ihnen den Magen verderben und sie sehr krank machen, und manchmal sterben Störche sogar daran.

Noch schlimmer, einige Störche, die in ihrer Umgebung noch genug gesundes Futter finden könnten, lieben es bequem und futtern lieber auf den Müllkippen, diese Dummköpfe und Faulpelze!

Ja, viele solcher traurigen Fälle habe ich auf meinen weiten Flügen gesehen.

Ich aber habe Glück gehabt, war vorsichtig und aufmerksam und bin wieder heil und sicher auf meiner prächtigen Storchenburg gelandet.

Nun freue ich mich auf einen schönen Storchensommer.

But this food can upset our stomachs and make us very ill. Sometimes storks even die from eating it.

Worse still, some storks who could find enough healthy food nearby like the easy life and prefer to feed on rubbish tips – stupid lazybones!

I have seen lots of sad cases like these on my travels.

But I've been lucky. I was careful and vigilant and I've come back to my magnificent nest safe and sound.

Now I'm looking forward to a wonderful stork summer.

Was Schlauberger wissen:

Der Weißstorch

Weißstörche sind, gemessen von der Schnabel- bis zur Schwanzspitze, 80 bis 100 cm lang und wiegen etwa 2,5 bis 4,5 kg. Sie tragen ein weißes Federkleid mit schwarzen Federn an den Flügeln, den Schwungfedern. Störche haben lange und breite Flügel, die sie zu tollen Segelfliegern machen. Von einer Flügelspitze zur anderen messen Weißstörche bis zu zwei Meter. Erwachsene Störche haben leuchtend rote Schnäbel und Beine. Bei den Storchenkindern sind die Schnäbel und Beine zuerst noch schwarz.

Die Störche verständigen sich durch Klappern mit ihrem langen Schnabel, da sie nur eine sehr schwache Stimme haben. Deshalb werden sie von den Menschen auch Klapperstorch genannt.

Geklappert wird bei vielen Gelegenheiten, besonders zur Begrüßung am Nest und zur Verteidigung.

What smartypants know:

White storks

White storks measure 80 to 100 cm from the tip of their bill to the tip of their tail and weigh around 2.5 to 4.5 kg. They have white feathers with black flight feathers on their wings.
Storks have long, wide wings, which make them very good at gliding. The distance from one wingtip to the other can be up to two metres.
Adult storks have a bright red bill and red legs. Young storks have a black bill and black legs.
Storks communicate by clattering their long bills because their voices are very weak. In German the white stork is also known as Klapperstorch ('clatter stork').
They clatter their bills in many situations, but especially when greeting each other at the nest and when defending themselves.

Die Storchenburg wird renoviert

Renovating Stork Castle

Na, was sehe ich denn da! Da kommt Willem eingeflogen, Willem, mein guter Nachbar. Na, alter Knabe, hast den Flug ja auch geschafft. Alle Achtung, tolle Leistung.
Da will ich doch gleich mal aufstehen, wie sich das für einen ordentlichen Storch gehört, und Willem begrüßen.
Ich werfe meinen Kopf zurück und fange mit meinem langen Schnabel heftig an zu klappern, und Willem klappert freudig mit.

„Klapp, klapp, klapperdiklapp"

Well, what do I spy? That's Willem flying in. Willem is my good neighbour. So you made it too, old boy.
I'm impressed. Well done.
I really must stand up and greet Willem in proper stork fashion.

I throw my head back and start clattering my long bill loudly, and Willem clatters back joyfully:

'Clack, clack, clackety-clack'.

Gut geklappert, aber nun genug!
Klappi, jetzt geht es an die Arbeit.
Schließlich habe ich viel zu tun. Es ist
schon März und bald werden unsere
Storchenfrauen einfliegen.
Da muss die Storchenburg perfekt sein.
Ich will doch Eindruck machen und
meiner schönen Storchenfrau gefallen.
Ein paar Mal stolziere ich hin und her
und betrachte meine Storchenburg.
Von oben, von unten, von der Seite,
alles inspiziere ich ganz genau.
Nicht übel, gar nicht übel, Klappi.
Solides Bauwerk.
Hier ein bisschen ausbessern und dort
ein wenig auspolstern.
Aber sonst, gar nicht übel.

**Also fliege ich mal los und suche gutes
Baumaterial.
Zweige, Moos, Federn und Gras.**

That was a good clatter, but that's
enough of that now!
To work now, Clacky. There's a lot to do.
It's already March and the stork wives
will be arriving soon. Stork Castle needs
to be perfect. After all, I want to make
an impression and please my beautiful
stork wife. I strut up and down a few
times and inspect my nest carefully –
from above, from below and from all
sides. Not bad, Clacky, not bad at all.
The structure is solid.
It just needs fixing a bit here and
padding a bit there, but otherwise it's
not bad at all.
**I fly off and look for some good
building materials: twigs,
moss, feathers and grass.**

Alles bringe ich mit meinem Schnabel nach Hause und baue es in das Nest ein. Mit geübtem Storchenblick sehe ich, wo es passt oder auch nicht. Passt ein Zweig nicht, ziehe ich ihn eben wieder heraus und versuche es an einer anderen Stelle.
So lange, bis er richtig sitzt, da bin ich pingelig.

Übrigens, mir kommen nur natürliche Baustoffe ins Nest, nicht so ein neumodischer Kram wie bei Willem. Mein Nachbar Willem ist ganz verrückt nach Plastik. Und schön bunt muss es sein, blau, grün oder gelb. Alte Einkaufstüten, Plastikschnüre, oder was immer er sonst noch findet, nimmt er einfach mit, und alles wird sofort verbaut.

Er kann es einfach nicht lassen.

Und dabei, das muss ich euch erzählen, war im letzten Sommer sein Nest pitschepatschenass.

I bring it all back home in my bill and add it to the nest. I have an expert eye and can see where things will go. If a twig doesn't fit, I just pull it out again and try it in a different place until it fits properly. I'm fussy about things like that. By the way, I only use natural materials in my nest. None of that newfangled rubbish that Willem likes to use. My neighbour Willem is crazy about plastic, and it has to be bright and colourful: blue, green or yellow. Old carrier bags, plastic twine, and anything else he can find – he takes it all home and builds it into his nest straight away.

He can't help it.

And let me tell you something: last summer his nest was soaking wet.

Tagelang hatte es geregnet, und das Wasser konnte aus seinem Nest nicht abfließen. Ich sage nur: Plastik! Wie kann man nur mit Plastik bauen? Seinen Kindern ist das gar nicht gut bekommen. Die saßen im kalten Wasser und haben sich richtig erkältet.

Und es hätte noch viel Schlimmeres passieren können.

Mal sehen, ob er daraus etwas gelernt hat und es dieses Mal besser macht.

Vielleicht sollte ich Willem ja mal einen Tipp geben und ihm klappern, wie gefährlich das ist.

Eines aber kann ich nicht verstehen, ganz und gar nicht verstehen:
Warum werfen Menschen bloß den ganzen Plastikkram einfach in die schöne Natur?
Sehen die denn gar nicht, wie hässlich das aussieht? Und merken die nicht, was für ein Unheil sie damit anrichten?
Ungezogen, einfach ungezogen und auch dumm.

It rained for days and the water couldn't drain out of his nest. I ask you – plastic! How can anyone build with plastic? It wasn't good for his children at all. They were sitting in the cold water and caught a bad chill.

And things could have been much worse.

Let's see whether he's learnt his lesson and does things better this time.

Maybe I should give Willem some advice and clatter to him about how dangerous plastic is.

But there's something I can't understand at all:
Why do people throw away all that plastic rubbish in the beautiful countryside?
Can't they see how ugly it looks? And don't they realise the harm it can do?
Naughty, that's what they are. Naughty and stupid.

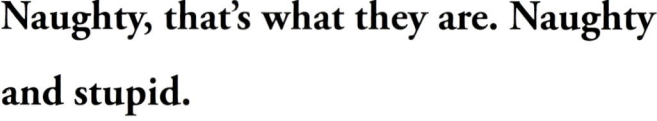

Und während ich an meiner Storchenburg baue, fliegen immer mehr meiner Artgenossen ein.

Immer mehr Nester werden besetzt.

Überall wird gearbeitet und repariert.

Einige sind fleißig bei der Arbeit, andere weniger.

Aber alle brauchen gutes Baumaterial.

Allmählich muss ich mich schon ganz genau umschauen und immer weiter fliegen, damit ich die passenden Zweige für mein Nest finde.

While I'm hard at work adding to my nest, more and more of my fellow storks are flying in.

More and more nests are being occupied.

Everywhere storks are working and carrying out repairs.

Some are working hard, others less so. But we all need good building materials and I'm having to look harder and fly further to find the right twigs for my nest.

Aber das ist noch nicht alles! Jetzt heißt es aufpassen! Aufpassen auf meine schöne Storchenburg, denn manche meiner Nachbarn sind unglaublich frech und faul.

Während ich mich abrackere, um die besten Zweige herbei zu schaffen, kommen die anstolziert, schauen ganz unschuldig drein, peilen die Lage, zögern ein bisschen und ziehen dann, mir nichts dir nichts, einfach einen schönen Zweig aus meinem Nest heraus.

Ja, so kann man das auch machen!

Aber nicht mit mir, nicht mit Klappi. Vorhin habe ich einen dieser Kerle erwischt. Der konnte was erleben. Der hatte nichts mehr zu klappern.

But that's not all. I have to be vigilant too!

I have to keep an eye on my beautiful nest, because some of my neighbours are unbelievably cheeky and lazy.

While I'm slaving away to find the best twigs, they swagger up, take an innocent look inside, check things out, hesitate a little and then, without any warning, simply pull a nice twig out of my nest! Well, that's one way of doing things!

But it won't work with me, not with Clacky. I caught one of them a little while ago. I gave him the shock of his life – left him speechless.

Mit einem kräftigen Ruck habe ich ihm den geklauten Zweig aus seinem Schnabel gezogen und ihn dann mit Fauchen und mit Flügelschlagen schnell vertrieben.

Das verschafft Respekt.

Arbeiten, aufpassen, kämpfen und zwischendurch ein bisschen Schönheitspflege, so vergehen die Tage wie im Flug. Aber allmählich werde ich unruhig.

Wird SIE kommen? Und wann?

Dann wieder denke ich, Hauptsache, ich habe meine schöne Storchenburg und bin ein gut gepflegter und gut aussehender Storch. So werde ich immer eine tolle Storchenfrau anlocken.

Aber die werde ich mir ganz genau anschauen. Schließlich müssen wir schon zusammen passen.

Da bin ich pingelig!

I yanked the stolen twig out of his bill and quickly chased him off by hissing and flapping my wings.

That's the way to teach respect.

What with working, keeping an eye on the nest, fighting and the occasional bit of grooming, the days seem to fly by. But now I'm starting to get fidgety.

Will *she* come? And when?

But then I think the main thing is that I have my beautiful stork's nest and I'm a well-groomed, good-looking stork. So I'll always be able to attract a fantastic stork wife. But I'll take a good look at her first.

After all, we need to be right for one another.

I'm fussy about things like that!

Was Schlauberger wissen:

Wie entsteht eine Storchenburg

Zuerst einmal müssen die Störche einen geeigneten Nistplatz suchen. Ursprünglich haben Störche wohl vorwiegend auf Bäumen genistet. Weil aber die Menschen in manchen Gegenden die meisten geeigneten Bäume abgeholzt hatten, mussten sich viele Störche neue Nistplätze suchen. Diese fanden sie oft auf Dächern, Schornsteinen und Kirchtürmen, wobei ihnen manche Menschen auch mit Wagenrädern als Nistunterlage halfen.

Einzelne Störche sind aber auch auf den Stumpf alter Weiden oder sogar auf den Boden „umgezogen". Störche kommen im Frühjahr immer wieder an ihren alten Wohnort zurück. Sie sind ihrem Nest treu, aber nicht unbedingt ihrer Storchenfrau.

Junge Störche, die das erste Mal brüten, nehmen entweder in verlassenen alten Nestern Platz oder müssen sich neue Nistplätze in der Nähe suchen. Dann beginnen sie mit dem Bau ihrer „Burg". Dazu schaffen die Störche grobe, daumendicke Zweige herbei, die mitunter länger als ein Meter sein können.

Diese Zweige werden nicht abgebrochen, sondern vom Boden aufgesammelt und manchmal auch aus fremden Nestern stiebitzt. Dann werden sie an der Stelle, an der die Storchenburg entstehen soll, kunstvoll zusammen gesteckt. Wenn dann ein fester Unterbau entstanden ist, werden dünnere und weichere Zweige gesammelt und eingebaut. Schließlich wird die Nestmulde mit Laub, Heu, Stroh oder Grasbüscheln weich ausgepolstert und mit Lehm verfestigt. Manchmal findet man auch ganz merkwürdige Dinge in den Storchennestern. Da haben Störche zum Beispiel Einkaufstüten, Plastikschnüre, Strümpfe, Handschuhe, Mützen, Kinderspielzeug, sogar Fahrradreifen eingesammelt und in ihre Nester eingebaut. Eine Storchenburg ist nie fertig. An ihr wird immer wieder weiter gebaut.

What smartypants know:

How a stork nest is built

First the storks have to find a suitable nest site. Originally, most storks probably nested in trees, but because people cut down most of the suitable trees in some areas, lots of storks had to find new nest sites. These were often on roofs, chimneys and church towers, and some people even helped by providing cartwheels as nest supports. Some storks have also moved to old willow tree stumps and even to the ground.

Storks always come back to their old home in the spring. They are loyal to their nest, but not necessarily to their wife.

Young storks nesting for the first time either move into a deserted nest, or have to find a new nest site nearby. Then they start building their nest.

To do this, the storks collect chunky sticks as thick as a man's thumb, some of which can be more than a metre in length.

These twigs are not broken off trees – they are collected from the ground and sometimes pinched from other nests. Then they are assembled artistically at the site where the stork nest is to be built.

Once they have built a firm foundation, they collect thinner, more flexible twigs and add them on. Last of all, they line the inside of the nest with leaves, hay, straw or tufts of grass and strengthen it with mud.

You can sometimes find some very unusual things in a stork's nest. Storks have been known to collect carrier bags, plastic twine, stockings, gloves, caps, toys and even bicycle tyres and add them to their nests.

A stork's nest is never finished and is always being extended.

Birdy kommt!

Birdy arrives!

Dann kommt **SIE** angesegelt, Birdy meine Traumfrau, geradewegs auf mich zu und landet auf meiner Storchenburg.

„Klapp, klapp, klapperdiklapp!"

Das ist eine Begrüßung, wir können gar nicht mehr aufhören zu klappern, so groß ist unsere Freude. Einen ganzen Winter lang haben wir uns nicht gesehen. Gut gemacht, Birdy!
Na, dann kann es ja losgehen mit der Familiengründung.

Then *she* comes gliding in. Birdy, my dream woman. She comes straight towards me and lands on my nest.

'Clack, clack, clackety-clack!'

What an enthusiastic greeting.
We're so happy we can't stop clacking.
We haven't seen each other all winter.
Well done, Birdy!
So, now we can start a family.

Schließlich haben wir nicht ewig Zeit. Es ist jetzt März und im August müssen die Kinder flugfähig sein, für ihren ersten großen Storchenflug nach Afrika.

Doch Birdy ist erst einmal müde und muss sich von ihrem langen Flug erholen. Aber kaum hat sie sich ein bisschen ausgeruht, da beginnt sie schon mit einer gründlichen Nestinspektion.

Ich wusste es doch! Mit Kennerblick schaut sie sich alles sehr genau an. Doch ich habe nichts zu befürchten, ganz und gar nicht. Meine Storchenburg ist perfekt, da gibt es nichts zu klappern.

After all, we don't have forever. It is March and by August the children have to be able to fly, ready for their first long trip to Africa.

Right now though, Birdy is tired and needs to recover from her long flight. But no sooner has she rested a little than she begins her grand tour of inspection of the nest.

I knew it! With her expert eye she examines everything very carefully. But I don't have anything to worry about. Stork Castle is perfect, and there's nothing to clatter about.

Dafür habe ich schließlich tagelang geschuftet. Und Birdy gefällt's. Richtig zufrieden ist sie.

Immer mehr Storchenfrauen kommen jetzt angeflogen. Sie werden von ihren Storchenmännern sehnsüchtig erwartet und freudig begrüßt.

Klapp, klapp, klapperdiklapp.

So geht das den ganzen Tag.

Was für ein Geklapper!

Das hört ja gar nicht mehr auf.

Aber irgendwann wird es dunkel, und es kehrt Ruhe ein.

Ein scharfer kalter Ostwind bläst uns unter die Federn und treibt uns Schneeflocken ins Gesicht.

Nun wird es Zeit, sich mit Birdy ins warme Nest zu kuscheln.

Gute Nacht.

After all, I've been working for days on it. And I´m lucky – Birdy likes it. She's really happy.

More and more stork wives are flying in now. Their husbands are waiting for them eagerly and greet them joyfully.

Clack, clack clackety-clack.

All day long.

What a racket!

There's no end to it.

But at some point it gets dark and then peace descends.

A biting, cold east wind ruffles our feathers and blows snowflakes in our faces.

It's time to snuggle into my warm nest with Birdy.

Good night.

Ein neuer Tag beginnt

A new day dawns

Der neue Morgen bringt uns wieder die Sonne. Wie schön!
Gut ausgeschlafen und erholt stehe ich auf meiner Storchenburg. Jetzt bin ich hungrig und brauche schnell ein gutes Frühstück.

Mal schauen, was mir heute so in meinen Schnabel kommt.

Ein leckerer Frosch oder eine Maus wären nicht schlecht.
Birdy bleibt lieber noch im warmen Nest. Nein, das frühe Aufstehen, das mag sie nicht. Aber das ist gut so.
Denn einer von uns muss sowieso hier bleiben und auf unser Nest aufpassen.

The next morning brings sunshine again. How wonderful!
Well rested and recovered, I stand on my nest. Now I'm hungry and need a good breakfast fast.

Let's see what I can catch today.

A tasty frog or a mouse would be nice.
Birdy prefers to stay in our warm nest. She doesn't like getting up early.
But that's a good thing because one of us has to stay here and watch the nest anyway.

Immer noch sind einige Störche auf Wohnungssuche, und so eine tolle Storchenburg wie unsere, die wäre schnell besetzt.

Also Birdy passt auf, und ich nehme Anlauf. Mit ein paar gekonnten Flügelschlägen bin ich in der Luft. Was für ein herrlicher Morgen, da macht das Fliegen so richtig Spaß.

Ich könnte mich vergessen und fliegen und fliegen, wenn da nicht mein leerer Magen wäre, der mir sagt: Klappi, Futter suchen!

Aber so ein bisschen segle ich doch noch durch die frische Morgenluft, bis... ja, bis ich den richtigen Frühstückstisch erspähe, eine schöne grüne Wiese.

So muss es sein.

Ich glaube, das Frühstück ist so gut wie im Magen. Also Landeklappen ausfahren und runter. Lautlos lande ich mitten in der Wiese.

A few storks are still looking for somewhere to live and a fantastic nest like ours would soon be taken.

So Birdy watches and I prepare for takeoff. Just a few expert flaps and I'm airborne.

What a wonderful morning – flying is great fun on days like this.

If it wasn't for my empty stomach telling me to look for food, I could forget myself and just keep on flying.

I do glide through the fresh morning air for a bit though, until... well, until I spy the right spot for breakfast – a beautiful green meadow.

That's the place. I'm sure I'll find some breakfast there.

I prepare for landing and fly down.

I land silently in the middle of the meadow.

Und jetzt Augen auf, Klappi, und anpirschen. Sachte, ganz sachte, keine unnötigen Geräusche machen und ja nicht das Frühstück verscheuchen. Vorsichtig stolziere ich durch das feuchte Gras. Ich hebe ein Bein, stelle es wieder hin und hebe das andere. Manchmal bleibe ich reglos auf einem Bein stehen und beobachte und lausche.

Da, ein leckeres Fröschlein!

Blitzschnell schnappe ich mit meinem spitzen Schnabel zu, und der Happen wandert in meinen leeren Magen. Dann geht die Jagd weiter, so lange, bis ich satt bin. Ein paar brauchbare Zweige für unsere Storchenburg kommen mir zwischendurch auch unter die Augen. Die sammle ich gleich nach meinem Frühstück ein, und dann geht's ab nach Hause.

Time to keep your eyes open, Clacky, and stalk your breakfast.
Softly, softly, don't make any unnecessary noises and above all don't scare away the breakfast.
I pick my way carefully through the wet grass.
First I lift one leg and put it down.
Then I lift the other.
Sometimes I stand still on one leg and watch and listen.

There! A tasty little frog!

As quick as a flash I snap it up in my pointed bill and the snack makes its way down to my empty stomach. I carry on hunting until I'm full.
On my way I spy a few twigs that could be useful for our nest. I collect them as soon as I've finished my breakfast and set off for home.

Ich bin sicher, Birdy wird es gefallen, dass ich nicht mit leerem Schnabel nach Hause komme.

Und richtig, mit freudigem Geklapper werde ich begrüßt, und ich klappere fröhlich zurück.

I'm sure Birdy will be pleased that I'm not coming home with an empty bill.

I'm right.

She greets me with a joyful clatter and I clatter happily in reply.

Jetzt ist Birdy dran, jetzt ist auch sie hungrig. Schnell fliegt sie los, und ich bewache unsere Storchenburg. Ich baue die mitgebrachten Zweige gleich in unser Nest ein und dann warte ich, bis Birdy wieder kommt.

Denn heute haben wir noch etwas Wichtiges vor.

Now it's Birdy's turn.

She is hungry too now. She quickly flies off while I watch over Stork Castle.

I add the twigs I've brought to our nest straight away and then I wait until Birdy comes back.

Because today we have something important to do.

Was Schlauberger wissen:

Die Futterplätze der Störche

Feuchte Wiesen, Felder, Flussauen und Sümpfe sind die natürlichen Futterplätze der Störche. Ihr Futter besteht aus Mäusen, Fröschen, Würmern, Schlangen, Fischen und Insekten.

Da die Störche heute immer weniger natürliche Futterplätze finden und es immer weniger Futter dort gibt, suchen viele Störche ihr Futter auf Müllkippen. Auf diesen Müllkippen werden sie das ganze Jahr über satt. Deshalb bleiben viele Störche, die früher im Winter über Spanien nach Afrika gezogen sind, inzwischen den ganzen Winter in Spanien und leben dort in der Nähe großer Müllkippen.

Durch die Nahrungsreste der Menschen werden jede Menge Kleintiere wie Mäuse, Ratten und auch Insekten angelockt. Diese Tiere sind ein beliebtes Futter für die Störche.

Aber die Nahrungssuche dort ist sehr gefährlich. Manchmal finden die Störche Gummiteile, die wie Schlangen aussehen und fressen sie. Und wenn sie auf den Müllkippen herumspazieren und dort auf Nahrungssuche gehen, kann es vorkommen, dass sie sich mit ihren langen Beinen in Drähten, Schnüren oder anderen Gegenständen verfangen, oder sie stecken ihre Köpfe in Plastiktüten und bekommen sie nicht wieder heraus. So können sie jämmerlich zu Grunde gehen.

What smartypants know:

Stork feeding sites

A stork's natural feeding sites are meadows, fields, flood plains and marshes. They feed on mice, frogs, worms, snakes, fish and insects.

Since there are fewer and fewer natural feeding sites around for storks today, and there is less and less food for them at these sites, lots of storks look for food on rubbish tips. These rubbish tips keep the storks fed all year round. This means that many storks that used to fly to Africa via Spain in the winter, are now spending the whole winter in Spain, living near the big rubbish tips.

The waste food that humans throw away attracts lots of small creatures, like mice, rats and insects, which storks like to eat.

But looking for food on rubbish tips is very dangerous. Sometimes they find lengths of rubber that look like snakes and eat them. And when they are walking around rubbish tips looking for food, their long legs sometimes get trapped in wires, twine and other objects, or they poke their heads into plastic bags and can't get them out again. Storks can come to a sad end on rubbish tips.

Familiengründung

Aber ich warte und warte. Wo bleibt sie denn nur, meine Birdy. Sie lässt sich mal wieder soooo viel Zeit.

Na ja, vielleicht hat sie mächtigen Hunger, oder, was wahrscheinlicher ist, sie findet mal wieder nicht gleich die richtigen Leckerbissen. Ihr müsst wissen, Birdy ist eine Feinschmeckerin. Das Beste ist für sie gerade gut genug.

Das kann ich ja verstehen.

Aber trotzdem, dieses endlose Warten, das liebe ich ganz und gar nicht! Da kann ich schon mal richtig ärgerlich werden.

Ich stolziere vor unserer Storchenburg hin und her und her und hin. Aber es tut sich nichts.

Dann wieder stelle ich mich auf unser Nest und schaue und warte.

Endlich!

Da kommt sie angeflogen.

Fliegt sogar noch eine Extrarunde.

Starting a family

But I wait and wait. Where is she, my Birdy? She's taking soooo long again.

Well, maybe she is extremely hungry or, more likely, she can't find what she's looking for.

Birdy appreciates good food, you know. For her, the best is just good enough.

I can understand that.

But still, this endless waiting.

I don't like it one bit! I could really get quite annoyed about it.

I stalk up and down in front of our nest. But nothing happens.

Then I sit on our nest again and watch and wait.

At last!

Here she comes. She even flies round once more before she lands.

Toll sieht sie aus, meine Birdy! Ihre großen Flügel weit ausgebreitet, die schönen langen roten Beine an den Körper angelegt, den langen schlanken Hals weit nach vorne gestreckt, so gleitet sie elegant durch die Luft.

Ihre weißen Federn blitzen in der Sonne und ihr schöner roter Schnabel leuchtet schon von weitem.

Das nenne ich eine wahre Schönheit unter den Storchenfrauen.

Bei diesem Anblick ist mein Ärger schnell verflogen.

Gekonnt landet sie direkt auf unserem Nest. Hingerissen werfe ich meinen Kopf zurück und klappere zur Begrüßung mit meinem langen Schnabel und Birdy klappert freudig mit.

„Klapp, klapp, klapperdiklapp."

So, dann kann es losgehen mit der Familiengründung. Ich kraule Birdy mit meinem langen Schnabel ein bisschen am Hals, das mag sie ganz besonders gern.

My Birdy looks great! With her large wings spread wide, her beautiful long red legs folded against her body and her long slim neck stretching forwards, she glides elegantly through the air.

Her white feathers sparkle in the sun and her beautiful red bill glows from afar.

That's what I call a real beauty among stork women. The sight of her makes my anger disappear at once.

She lands skilfully on our nest.

Entranced, I throw my head back and clatter my long bill in greeting and Birdy joins in happily:

'Clack, clack, clackety-clack.'

So, now we can start a family.

I tickle Birdy's neck a little with my long bill.

She is particularly fond of that.

Dann klettere ich auf ihren Rücken, schlage mit meinen großen Flügeln und halte mich gut an Birdy fest, damit ich nicht herunter falle.

Na, das ist aber eine ziemlich wackelige Angelegenheit, das hatte ich ja völlig vergessen.

Ich schwanke hin und her, ein richtiger Balanceakt. Dann gebe ich meinen Samen in die kleine Öffnung unter ihrem Bürzel und steige wieder ab. So geht das immer und immer wieder, so lange, bis alle Eier in Birdys Bauch befruchtet sind. Nur so können unsere kleinen Storchis entstehen.

Dann aber heißt es warten, denn die Eier in Birdy's Körper haben nur eine ganz dünne Haut und müssen erst eine harte Schale bekommen, bevor Birdy sie in unser Nest legen kann.

Then I climb onto her back, beating my big wings and holding on tightly to Birdy so that I don't fall off. Well, this is a rather wobbly business. I had totally forgotten. I sway this way and that. It's a real balancing act. Then I release my sperm into the small opening under her tail and climb down again. We do this again and again, until all the eggs in Birdy's belly are fertilised. This is the only way to make baby storks. But then we have to wait, because the eggs in Birdy's body have a very thin skin and they have to develop a hard shell before Birdy can lay them in our nest.

och nach einiger Zeit ist es soweit. Birdy sitzt im Nest und legt das erste Ei, und wir sind beide sehr stolz.

One day though, they are ready. Birdy sits on the nest and lays her first egg and we are both very proud.

Nun müssen wir das Ei warm halten, rund um die Uhr.

Sonst kann sich unser Storchenkind im Ei nicht entwickeln, und alles wäre umsonst. Schon am nächsten Tag legt Birdy das zweite Ei, und wieder einen Tag später noch eins und dann noch eins.

Now we have to keep the egg warm around the clock.

Otherwise our baby stork won't be able to develop inside the egg and everything will have been in vain. The next day Birdy lays a second egg, and a day later she lays another, and then another.

Vier große weiße Eier liegen nun im Nest.

Gut gemacht, Birdy!

Aber nun ist Brüten angesagt.

Brüten, brüten und nochmals brüten,

Tag und Nacht, 32 Tage lang.

Das ist jetzt unsere wichtigste Aufgabe.

Und wie gesagt, bloß die Eier nicht auskühlen lassen.

Das wäre eine Katastrophe.

Mal sitzt Birdy im Nest und dann wieder ich.

Dann wieder drehen wir die Eier in ihrem weichen Bett aus Stroh und Gras herum und lockern das Nest ein wenig auf.

There are now four big white eggs lying in the nest.

Well done, Birdy!

But now we need to sit on them.

Sit, sit and sit some more,

day and night for 32 days.

This is our most important job now.

And, as I said, the main thing is not to let the eggs get cold.

That would be a catastrophe.

Sometimes Birdy sits in the nest and then I do.

From time to time we turn the eggs around in their soft bed of straw and grass and loosen up the nest a bit.

Es soll unseren Kindern schließlich gut gehen in den Eiern. Dazwischen müssen wir uns was zu Futtern suchen, natürlich abwechselnd, Nistmaterial herbeischaffen, das Nest ausbauen, eine Runde fliegen und die Umgebung im Auge behalten.

Zu tun gibt es immer etwas und jeder kennt seine Aufgaben ganz genau.

Es klappt bestens!

We want our children to be comfortable in their eggs. In between times we have to find ourselves something to eat (taking turns of course), collect nesting material, extend the nest, fly round and keep an eye on our surroundings.

There is always something to be done, and each of us knows exactly what to do.

Everything runs like clockwork.

Was Schlauberger wissen:

Das Storchenei

Ein Storchenei ist etwas 73 mm lang und hat einen Durchmesser von 51 mm. Es wiegt ungefähr 110 Gramm.

Aus dem Ei befreien muss sich jedes Storchenkind selbst. Dafür hat es ein Werkzeug am Schnabel und das ist der Eizahn. Damit drückt das Storchenkind kleine Stücke aus der Eierschale heraus, bis die Öffnung groß genug ist, um heraus zu schlüpfen.

What smartypants know:

Stork eggs

A stork egg is around 73 mm long and 51 mm in diameter. It weighs about 110 grams.

Every baby stork has to free itself from its egg on its own. To do this it has a tool on its beak called an egg tooth. Baby storks use their egg tooth to push pieces out of the eggshell until the opening is big enough to climb out of.

Gefahr in der Nacht

Es ist einer dieser schönen, wunderbar warmen Nachmittage im Mai. Birdy sitzt im Nest und brütet, und ich halte Wache. Alles ist so friedlich. Ich könnte träumen, herrlich träumen von einem langen schönen Segelflug oder von einer köstlichen Schmauserei auf einer saftigen grünen Wiese.

Doch nicht Klappi!

Nicht, wenn ich aufpassen muss. Schließlich habe ich Verantwortung für Birdy und unsere Storchis. Aufmerksam beobachte ich die Umgebung, schaue mal nach rechts, mal nach links. Da steht ja mein Nachbar Willem auf seinem Nest. Ich klappere ihm zu:

„He, Willem, auch Wache schieben?"

Danger in the night

It is one of those beautiful, wonderfully warm afternoons in May. Birdy is sitting on the eggs and I'm keeping watch. Everything is very peaceful. I could sit here and daydream – a wonderful daydream about a lovely long soaring flight or a tasty banquet on a luscious green meadow.

But no, Clacky!

Not when you have to keep watch. After all, I'm responsible for Birdy and our stork chicks. I watch the area attentively, looking right and then left. There's my neighbour Willem standing on his nest. I clatter over to him:

'Hey, Willem, are you on sentry duty too?'

Doch Willem klappert heute nur kurz zurück. Er scheint keine Lust auf ein Schwätzchen zu haben.

Na ja, macht nichts.

Dann schaue ich eben wieder in die Runde, hierhin und dorthin, nach allen Seiten. Alles ist wie immer.

Doch halt, da war doch was...? Augen auf Klappi, und ganz genau hinschauen! Tatsächlich, da sehe ich etwas, was mir nicht gefällt, ganz und gar nicht gefällt. Aus dem Gebüsch am Rande der Storchenwiese schauen zwei hungrige Augen lauernd auf die Storchennester.

Das wird doch nicht...?

Und doch, er ist es! Eindeutig!

Sein buschig-roter Schwanz hat ihn ver-raten. Da sitzt er in seinem Versteck und späht uns aus. Was hat er vor? Will er etwa unsere Eier stehlen, die ihm so gut schmecken?

But today he only gives a short clatter in reply. He doesn't seem to be in the mood for chatting.

Oh well, it doesn't matter.

I'll look around again instead, here and there, on all sides. Everything is the same as usual.

But wait! Was that something over there? Open your eyes, Clacky, and look very carefully! Yes, as I thought. I can see something over there that I don't like the look of, not at all. Two hungry eyes are watching the stork nests from the bushes at the edge of our stork meadow.

Surely it's not...? But yes, it is him! No doubt about it. His bushy red tail has given him away. He's sitting in his hiding place spying on us. What is he planning to do? Does he want to steal our eggs, which he loves to eat?

Ich klappere, so laut ich kann.
„Klapp-klapp, klapp-klapp-klapp!"
Storchenalarm! Der Fuchs ist da!

Ich weiß, noch wird er nicht in unsere Nähe kommen, dazu ist er viel zu schlau. Er wartet, bis ein Nest unbewacht ist, dann erst wird er sich heranschleichen.

Ja, so machen es die Füchse.

Doch Birdy und ich, wir passen auf.

Uns entgeht so schnell nichts. Immer wieder entdecke ich, wie der Fuchs im großen Bogen um unsere Storchenwiese herum schleicht. Dabei vergeht der Nachmittag, und voller Unruhe erwarte ich den Abend. Doch nichts passiert. Und dann kommt die Nacht, eine stockdunkle, gruselige Nacht. Mond und Sterne haben sich hinter dicken Wolken versteckt.

Unheimlich, wirklich unheimlich!

I clatter as loudly as I can:
'Clack-clack, clack-clack-clack!'
Stork alert! The fox is here!

I know he won't come near us yet. He's far too cunning for that.
He is waiting until a nest is left unguarded and then he will creep up on us.
Yes, that's what foxes do.

But Birdy and I keep watch.

We won't miss anything. Again and again I catch sight of the fox circling our stork meadow. The afternoon passes in this way and I nervously wait for the evening to come.
But nothing happens. And then night falls, a pitch-dark, creepy night.
The moon and stars are hidden behind thick clouds.

It's eerie, really spooky!

Ich stehe auf unserer Storchenburg und spähe in die dunkle Nacht.
Doch so eine Nacht ist lang, und mehr als einmal könnte ich einfach einschlafen, so müde bin ich. Aber dann gebe ich mir einen Ruck und schon bin ich wieder hellwach.

I stand on the nest and peer into the dark night.
But a night like that is long and more than once I almost fall asleep, I'm so tired.
But then I shake myself wide awake again.

Plötzlich pfeift ein mächtiger Wind durch die Bäume .....schschsch.... und bläst die ganzen dicken Wolken einfach weg.
Guter Wind!

Suddenly a strong gust of wind blows through the trees .....whoosh.... and blows all the thick clouds away.
Good wind!

Nun scheint der helle Mond, und ich kann sehen, wer da alles hungrig auf unserer Storchenwiese herum huscht und auf einen guten Happen lauert. Zwei kleine Feldmäuse mit ihren flinken Beinchen rennen schnell vorbei.

Eine Eule sitzt im Baum und schaut sich mit ihren großen Augen nach Beute um. Ob das die kleinen Mäuschen bemerkt haben?

Eulen lieben so eine Mäusemahlzeit. Auch eine Ratte ist unterwegs, schleicht herum und schnüffelt.

Schnell läuft sie weiter. Wer weiß, was die heute Nacht noch vor hat?

Now the moon is shining brightly and I can see all the hungry creatures darting around on our stork meadow and lying in wait for a bite to eat. Two small field mice flit past on their fast little legs. An owl is sitting in the tree looking for prey with its large eyes. I wonder whether the little mice have noticed? Owls love to dine on mice. A rat is out and about too, creeping around and snuffling.

It quickly runs on. Who knows what else it plans to do tonight?

Der Marder, auch so ein Räuber, den wir gar nicht gerne sehen, flitzt aufgeregt durch die Gegend, springt hierhin und dorthin und ist schnell wieder weg.

Ein kleiner Feldhamster huscht mit prall gefüllten Backentaschen in seinen Hamsterbau unter der Erde. Er füllt wohl gerade seine Vorratskammer auf, emsig wie er ist.
Auch ein Igel spaziert gemächlich vorbei und schnüffelt hier und dort.
Alle haben sie Hunger und sind auf der Suche nach einer guten Mahlzeit.
Ja, die Nacht ist voller Leben und gefährlich ist sie auch.

The marten, another predator that we don't like to see, races around excitedly, jumping here and there, and is gone again.
A small common hamster scuttles into his underground burrow with his cheek pouches stuffed full. He's so busy, he must be stocking up his larder.
A hedgehog strolls by too in a leisurely fashion, snuffling here and there.
Everyone is hungry and is looking for a good meal.
**Yes, the night is full of life…
and dangers too.**

Da! Ich sehe einen Schatten. Der Fuchs ist da!

Schnüffelnd schleicht er um unsere Storchennester herum.

Plötzlich steht er direkt vor unserem Nest.

Klappi angreifen!

Blitzschnell stoße ich meinen spitzen Schnabel in sein Fell.

Das hat gesessen. Ich höre ihn jaulen vor Schmerzen. Ich fauche und schlage mit meinen großen Flügeln.

Auch die anderen Störche machen mit.

Was für ein Spektakel.

Over there! I see a shadow. The fox is here.

Sniffing, he creeps around our stork nests. Suddenly he's standing right in front of our nest.

Time to attack, Clacky!

Quick as a flash I stab my pointed bill into his fur.

I got him. I can hear him yowling in pain. I hiss and flap my big wings, and the other storks join in.

What a sight!

Das hat er wohl nicht erwartet. Schnell dreht er sich um und rennt davon in die dunkle Nacht. Der kommt bestimmt nicht wieder.

Birdy sitzt im Nest über den Eiern. Sie hat sich nicht gerührt und tapfer unsere Storchis beschützt. Wir sind froh, dass es so gut ausgegangen ist. Nun hätte ich mir eigentlich ein Schläfchen verdient. Doch schlafen kann ich nicht, dafür bin ich noch viel zu aufgeregt. So wache ich bis zum Morgengrauen über unserem Nest. Dabei mache ich mir meine Gedanken. War es wirklich klug, die Storchenburg auf dem Stumpf der alten Weide, so nah über der Wiese zu bauen? Hätte ich doch lieber, wie es die meisten Störche machen, einen Schornstein, einen Kirchturm oder den hohen Baum gleich gegenüber aussuchen sollen?

Nein, bei aller Gefahr, ich finde, unseren Nistplatz habe ich gut und mit bedacht gewählt, denn auch in den Bäumen lauern Gefahren.

I bet he didn't expect that. The fox quickly turns round and runs away into the dark night. I don't think he will come back again.

Birdy is sitting on the eggs in the nest. She didn't move and she protected our little stork chicks bravely.

We are happy that things ended so well. I've really earned a nap, but I can't sleep now – I'm far too agitated.

So I watch over our nest until daybreak. As I watch I think: Was it really a good idea to build Stork Castle on the old willow tree stump so low down over the meadow?

Wouldn't it have been better to choose a chimney, a church tower or the tall tree opposite, like most storks?

No, despite the dangers, I think I chose our nesting place carefully and it's a good site. After all, there are dangers lurking in the trees too.

Und fällt dort mal ein kleines Storchenkind aus dem Nest, was auch den besten Storcheneltern passieren kann, dann ist es mausetot.

Nicht so bei uns.

Gut gedacht und gut gemacht, Klappi.

Doch etwas muss ich euch noch klappern, das muss ich noch gestehen! Ich kann nur deshalb so gut auf meiner Storchenburg leben, weil kluge Menschen Birdy, mich und all die anderen Störche von der Storchenwiese beschützen. Denn unsere Storchenwiese gehört zu einem Storchenreservat. Dort können wir in Ruhe unsere Nester bauen und unsere Kinder groß ziehen, und wenn es nötig ist, bekommen wir sogar auch Futter.

And if a little stork chick falls out of the nest from up there (something that can happen to even the best stork parents) it will be dead as a dodo.

Not in our nest though.

Good thinking and well done, Clacky!

But there's something I have to tell you. I must admit that the only reason I can live so well here at Stork Castle is because of some clever humans who protect Birdy, me and all the other storks on the stork meadow. Our stork meadow is part of a stork reserve.

Here we can build our nests and raise our children in peace, and they even give us food if necessary.

Die Storchis schlüpfen

Langsam geht diese dunkle und gefährliche Nacht zu Ende. Endlich können wir uns ein wenig Schlaf gönnen. Doch nicht lange, dann ist der Morgen da. Aber Klappi ist fit, von Müdigkeit keine Spur.

Noch schnell ein gutes Frühstück suchen und dann geht es ans Brüten, denn brüten, das ist heute Morgen meine Aufgabe.

Vorsichtig setze ich mich über die Eier. Na, das wird mal wieder ein langweiliger Vormittag. Nirgends ist wirklich was los.

The stork chicks hatch

Slowly, this dark and dangerous night draws to a close. At last we can allow ourselves to sleep a little. But not for long, because by then it's morning. Clacky is fit as a fiddle though, with no signs of tiredness. I just need to grab a good breakfast and then it's time to sit on the nest because that's my job this morning. I squat down carefully over the eggs. Well, this is going to be another boring morning. There's nothing much happening anywhere.

Ringsherum sind alle nur mit Brüten beschäftigt.

Aber nach dieser aufregenden Nacht ist so ein ruhiger Vormittag vielleicht nicht das Schlechteste.

Und irgendwann ist ja auch Birdy wieder dran mit dem Brüten. Dann kann ich durch die warme Sommerluft segeln.

Doch von wegen langweilig und ausruhen!

Hoppla, da tut sich doch was im Nest!

Ein leises, klopfendes Geräusch.

Wirklich...?

Tatsächlich! Ich höre es und dann fühle ich, da ist ein Ei, das sich bewegt.

Pick, pick, pick, immer deutlicher höre ich dieses pick, pick.

Klappi, sofort nachschauen!

Vorsichtig stehe ich auf.

Eins, zwei, drei, vier Eier liegen da, ganz ruhig, nichts tut sich.

Wohl noch nicht so ganz wach, Klappi?

Na ja, nach dieser aufregenden Nacht kein Wunder. Das kann schließlich dem besten Storch passieren.

All around us everyone is just busy sitting on eggs.

But after such an exciting night, a calm morning like this is perhaps not such a bad thing.

And at some point it will be Birdy's turn again and I can go gliding through the warm summer air.

So much for a boring, restful morning! Something's happening in the nest!

There's a soft tapping sound.

Really...?

Yes! I hear it and then I feel an egg moving.

Tap, tap, tap. I can hear the tapping noise more and more clearly.

I have to see what's going on right away!

I stand up carefully.

One, two, three, four eggs are lying there peacefully. Nothing is happening.

Maybe you're not so wide awake yet after all, Clacky? Oh well, it's not surprising after such an exciting night.

It can happen to the best of us.

Aber wenn ich nun schon mal stehe, drehe ich doch gleich die Eier um und lockere das Nest ein bisschen auf, bevor ich weiter brüte.
Doch schau, was sehe ich denn hier! Da ist ein winzig kleines Loch in einem Ei.
Und wieder höre ich es ganz genau, dieses leise pick, pick.

Von wegen noch nicht so ganz wach! Mehr als wach würde ich sagen.
Vor Aufregung klappere ich laut mit meinem Schnabel.
„Klapp, klapp, Birdy komm her, es geht los, unsere Storchis wollen schlüpfen!"

While I'm up, though, I may as well turn the eggs over and loosen the nest a bit.
But look, what do I see there? There's a tiny hole in one of the eggs.
And then I hear that soft tap-tapping again quite clearly.
So much for not being properly awake! I'm actually more than wide awake.
 I'm so excited that I clatter loudly:
'Clack, clack, Birdy come here, it's starting. Our babies are about to hatch!'

Schnell ist sie da und ganz gebannt stehen wir im Nest und schauen zu. Immer größer wird die Öffnung in der Eierschale und immer energischer pickt sich unser erstes Storchenkind frei.

Schon ist der kleine Schnabel zu sehen und bald das kleine Köpfchen. Doch nun muss sich unser Storchenkind erst einmal ausruhen.

Erschöpft sieht es aus.

Kein Wunder; Aus einem Storchenei heraus zu krabbeln ist auch ganz schön anstrengend, und manchmal dauert es einen ganzen Tag.

Nein, Birdy und ich, wir helfen nicht mit, das können unsere Storchenkinder alleine.

She comes quickly and we stand in the nest and watch spellbound. The hole gets bigger and bigger as our first stork chick pecks more and more vigorously to free itself.

We can already see its little beak and soon we can see its little head. But now our little chick has to rest for a bit.

It looks exhausted.

And no wonder. Struggling out of a stork egg is hard work. Sometimes it takes a whole day.

Birdy and I don't help though. Our stork chicks can manage on their own.

Geschafft!

Dann ist es geschafft. Da liegt es nun, unser erstes Storchenkind, noch blind, nass und ganz erschöpft. Sieht nicht gerade umwerfend aus, nicht wie man sich ein schönes Storchenkind vorstellt.

Was sollen wir nun mit ihm machen? Vielleicht füttern? Ich probiere es einfach. Doch das mit dem Füttern klappt nicht.

Made it!

He's done it. Our first stork chick is lying in the nest, still blind, wet and completely exhausted. He doesn't look that great, not what you'd expect a beautiful young stork to look like. What shall we do with him?
Feed him, maybe?
I'll give it a try.
But the feeding doesn't work.

Der kleine Storchi will einfach seinen Schnabel nicht aufmachen. Vielleicht sollte ich ihn erst einmal ein bisschen wärmen?

Ich glaube, das wäre eine gute Idee. Gesagt, getan. Ich setze mich ins Nest und decke ihn mit meinen weichen Federn zu. Und siehe da, als ich nach einiger Zeit wieder nach ihm schaue, hat unser kleiner Storchi seine Augen geöffnet und schaut mich neugierig an. Sein nasser Flaum ist nun getrocknet und wunderschön weiß. Ein kleines flauschiges Kerlchen mit einem schwarzen Schnabel sitzt nun in unserem Nest.

Was für ein schönes kleines Storchenkind! Ich bin begeistert!

Schon will er uns nach Storchenart begrüßen und versucht zu klappern.

The little stork just does not want to open his bill.

Maybe I should warm him up a bit first? I think that's a good idea. No sooner said than done. I sit on the nest and cover him with my soft feathers. And see, when I check again after a little while, our stork chick has opened his eyes and is looking at me curiously. His wet down has dried and is now wonderfully white. We have a little fluffy chick with a black bill sitting in our nest.

What a beautiful baby stork!
I am delighted!

He tries to greet us the stork way by clattering.

Doch noch klappt es nicht mit dem Klappern. Sein Schnabel ist noch viel zu weich. Doch wer klappern will, will vielleicht auch etwas futtern, denke ich mir.

Also fliege ich los, Futter suchen. Birdy bleibt im Nest und beschützt unser Storchenkind. Regenwürmer, Insekten, Raupen, Grashüpfer, alles was Klein Storchi futtern kann, sammle ich eifrig ein. Und kaum bin ich zurück im Nest, da sperrt der kleine Storchi seinen Schnabel schon ganz weit auf. Vorsichtig stecke ich ihm einen Leckerbissen nach dem anderen hinein, und weg ist das mühsam gesuchte Futter.

Aber satt ist er immer noch nicht. Hungrig sieht er aus, der Kleine, maunzt ganz ordentlich und sperrt seinen Schnabel immer noch ganz weit auf.

But it doesn't work yet. His bill is still far too soft. But if he wants to clatter, I think to myself, then maybe he also wants to eat. So I fly off to look for food. Birdy stays in the nest and protects our baby. Earthworms, insects, caterpillars, grasshoppers – I eagerly collect everything that my baby can eat. And no sooner am I back in the nest than he opens his bill very wide. I carefully place the treats inside one after another until all the food I have taken so much trouble to collect is gone. But he's still not full. He looks hungry, the little thing, he's whingeing and opening his beak very wide still.

Bei diesem Appetit muss ich wohl gleich noch einmal los.

Und langsam dämmert's mir, ich hatte es schon fast vergessen, Futtersuche für den kleinen Storchi wird ab jetzt wohl unsere Hauptarbeit.

Den ganzen Tag Futter suchen, das kann ja heiter werden. Da werden wir bald keine ruhige Minute mehr haben.

Und wenn erst der zweite, der dritte und der vierte Storchi geschlüpft sind, dann geht die Arbeit richtig los. Dann wird jeder Schnabel gebraucht.

Gut, dass Birdy und ich so ein prima Team sind und uns die Arbeit teilen.

Kinder zu haben ist nämlich ganz schön anstrengend! Aber das macht uns nichts, ganz und gar nichts.

Denn wir wollen, dass es unseren Storchis gut geht, dass sie groß und stark und schöne Störche werden.

Dafür ist uns keine Arbeit zu viel.

If he's got such a big appetite, I guess I'll have to go hunting again.

And it slowly dawns on me (I had almost forgotten) that finding food for our little one will be our main job from now on.

Looking for food all day is going to be fun.

Soon we won't have a minute's peace.

And when the second, third and fourth babies hatch things will really get busy.

We'll need all the help we can get.

It's a good thing Birdy and I make such a great team and share the work.

Having children really is quite tiring!

But we don't mind, not at all, because we want our chicks to be happy and to grow into big, strong, beautiful storks.

Nothing is too much trouble.

Dann ist es wieder soweit. Unser zweites Storchenkind schlüpft. Es macht seine Sache wirklich gut und krabbelt gekonnt aus seiner Eierschale heraus. Die schmeißen wir übrigens gleich aus dem Nest, wir brauchen sie ja nicht mehr.

Doch was ist mit Ei drei und vier?
Da tut sich nichts, kein pick, pick, rein gar nichts. Sind da vielleicht keine Storchis drin?
Na ja, das kann passieren und dann ist es eben so.
Wir haben ja zwei wunderschöne Storchenkinder, die schönsten von der ganzen Storchenwiese.

Then the time comes for our second stork chick to hatch. He's very good and clambers skilfully out of his eggshell. We throw the shells out of the nest straight away. We don't need them any more. But what about eggs three and four? Nothing's happening there. No tap-tapping, nothing at all. Maybe there aren't any stork chicks inside them? Well, that can happen, and that's just the way it is. We have two wonderful stork children, the most beautiful chicks on the whole stork meadow.

Und zwei Storchis bekommen wir auf jeden Fall satt,
bei vier ist das gar nicht so sicher.
Von nun an aber ist nichts als Arbeit angesagt, da bleibt für mich selbst kaum noch Zeit.
Futter suchen und füttern, und zwar nur das Beste und davon reichlich. Wasser holen aus dem Teich, wenn es heiß ist, und unseren Storchis zu trinken geben oder es über dem Nest versprühen, um ihnen eine Abkühlung zu verschaffen.
Sie mit unseren großen Flügeln beschützen vor zu viel Sonne und Regen und sie wärmen, wenn es kalt wird.

And at least we can feed two young storks, I'm not so sure about four.

But now it's time for work. I have hardly any time to myself any more.
I spend my time looking for food and feeding the chicks – only the best food and lots of it. I fetch water from the pool when the weather is hot and give it to our chicks to drink, or sprinkle it over the nest to cool them down.

We protect them against too much sun and rain with our big wings and keep them warm when it gets cold.

Das Nest neu auspolstern, es sauber halten und aufpassen, dass keine Feinde in ihre Nähe kommen.

All das sind nun unsere Aufgaben. Rund um die Uhr sind wir beschäftigt.

Dabei werden die Kleinen schnell größer und immer größer. Nach einigen Tagen versuchen sie sogar im Nest zu stehen. Na, das sieht mir aber noch etwas wackelig aus. Und richtig, plumps, da fallen sie auch schon wieder um. Aber sie geben nicht auf, unsere Storchis. Immer wieder versuchen sie es von neuem, fallen um, stehen auf, fallen um, stehen auf. So lange, bis es endlich klappt.

We line the nest again, keep it clean and watch to make sure no enemies come near it.

These are our jobs now and we are kept busy all day long.

The little ones are growing fast. After a few days they even try to stand up in the nest, but they still look a bit wobbly to me.

What did I say? Bump! They fall down again. But our stork chicks don't give up. They keep trying again, falling over, standing up, falling over, standing up. Until eventually they manage it.

Die Storchis werden größer

Nun sind unsere Storchkinder schon vier Wochen alt. Sie haben viel gelernt und sind groß geworden. Groß genug, um nun auch mal allein im Nest zu bleiben.

Nach all den anstrengenden Wochen mit den kleinen Storchis habe ich endlich wieder ein bisschen Zeit für mich selbst. Dünn bin ich geworden vor lauter Arbeit und muss nun schauen, dass ich bald wieder ein ansehnlicher, gut genährter Storch werde, nicht zu dick, aber auch nicht zu dünn und gut trainiert.

The stork chicks grow

Our stork children are already four weeks old. They have learnt a lot and have grown big. Big enough to be left on their own in the nest from time to time.

After all those tiring weeks with the baby storks I finally have a little time to myself. I've grown thin with all the work and I need to make sure that I turn back into a handsome, well-fed stork again soon. Not too fat, but not too thin, and in good shape.

Schließlich will ich ja im September zurück nach Afrika in mein Winterquartier segeln. Da muss ich für den langen Flug fit sein.

Aber noch ist es nicht soweit, noch sind unsere Storchenkinder im Nest, noch heißt es weiter füttern und für sie sorgen.

Nicht mehr so häufig, dafür aber kräftigeres Futter.

Mäuse, Fische und Frösche und Hauptsache große Portionen.

Kommen Birdy und ich von der Futtersuche zurück, sehen uns unsere Storchis schon von weitem. Ganz ungeduldig schlagen sie mit ihren Flügeln und maunzen und jammern, gerade so, als hätten sie schon lange nichts mehr zu futtern bekommen.

After all, I want to fly back to my winter quarters in Africa in September, so I need to be fit for the long journey. But it's not time yet. Our stork children are still in the nest and we still have to feed them and look after them.

We no longer have to feed them so often, but the food has to be more filling – mice, fish and frogs, and above all big helpings.

When Birdy and I fly back from hunting, our stork chicks see us from a long way off. They flap their wings impatiently and whinge and whine as if they hadn't had anything to eat for ages.

Unersättlich sind sie und richtig aufdringlich. Sie picken so lange nach unseren Schnäbeln, bis wir ihnen das mitgebrachte Futter geben.

Aber jetzt stecken wir es ihnen nicht mehr in den Schnabel, sondern legen es ihnen in das Nest. Denn nun sind sie groß genug und können ihr Futter selbst aufnehmen.

They are insatiable and they pester us a lot.

They peck at our bills until we give them the food we've brought.

But we no longer put the food in their bills.

We place it in the nest for them because they are big enough to pick up food for themselves now.

Sie futtern und futtern, bis sie endlich satt sind und zufrieden im Nest liegen.

Dann brauchen auch wir eine Pause.

Ich setze mich mit Birdy auf einen Ast in ihrer Nähe.

Aber wir lassen sie nicht aus den Augen und im Notfall sind wir gleich zur Stelle.

They eat and eat until they are finally full and lie down happily in the nest.

Then we need a rest too and I sit with Birdy on a nearby branch.

But we still don't take our eyes off them, and in an emergency we will be there in an instant.

Die Storchis lernen fliegen

Immer öfter stehen unsere Storchkinder nun im Nest und machen die wildesten Flugübungen. Gut so, denn ihre Flugmuskeln müssen trainiert werden.

Immer heftiger, kraftvoller und ausdauernder werden ihre Flügelschläge. Manchmal bleiben sie sogar schon für einen Augenblick in der Luft.

„Storchis, passt auf und fallt mir ja nicht aus dem Nest!"

Na ja, bei uns auf dem alten Weidenstumpf ist das kein Problem.

The stork chicks learn to fly

Our stork chicks are standing up in the nest more and more often and flapping their wings wildly.

That's good because they need to exercise their flying muscles.

They flap their wings harder and with more strength and keep going for longer. Sometimes they even stay up in the air for a few seconds.

'Careful, little ones. Don't fall out of the nest!'

Well, that's not a big problem where we are on the old tree stump.

69

Aber wenn ich mir die anderen Storchennester hoch oben in den Bäumen betrachte und dort die kleinen wilden Storchenkinder sehe, da kann es mir schon Angst und Bange werden.

But it worries me to death sometimes when I see the other stork nests high up in the trees and see the frantic little stork children up there.

Und manchmal, da passiert es und ein junger Storch fällt aus seinem Nest. Gut, wenn er dann schon kräftig flattern kann. So kommt er wenigstens heil unten an. Aber fliegen, das sieht ein bisschen anders aus.

Da muss noch fleißig geübt werden.

And sometimes it does happen that a young stork falls out of the nest. If it knows how to flutter its wings hard it will at least land in one piece. But proper flying looks a bit different.

It takes lots of practice.

Unsere Storchis werden flügge

Es ist Hochsommer. Unsere Storchis sind nun zwölf Wochen alt und fast so groß wie wir.

Unglaublich, wie schnell sie in dieser kurzen Zeit gewachsen sind.

Sie haben viel gelernt und fleißig geübt und machen nun ihre ersten kleinen Ausflüge rund ums Nest. Mal fliegen sie, mal stolzieren sie in der Umgebung umher, um alles genau zu erkunden.

Our stork chicks are fully fledged

It's the middle of summer. Our little storks are twelve weeks old and nearly as big as us.

It's amazing how fast they have grown in such a short space of time.

They have learnt a lot and practised hard and are now making their first short trips around the nest. Sometimes flying, sometimes strutting, they explore the area and everything in it.

Stolz auf ihre Flugkünste klappern sie uns die Ohren voll, wenn sie nach einem kurzen Ausflug ins Nest zurückkommen. Und wir klappern mit, loben sie und spornen sie an, weiter und weiter zu fliegen. Wir zeigen ihnen, wie man richtig fliegt, wie man startet und sicher landet und wie man mühelos segelt, und sie lernen schnell.

Dann steht noch Futtersuche auf dem Stundenplan. Ihr Futter selbst zu suchen, auch das müssen sie lernen.

Birdy und ich fliegen zum ersten Mal mit unseren Storchis auf eine saftige, grüne Wiese. Wir zeigen ihnen, wie man sich anschleicht und wie man geschickt einen Frosch oder eine Maus fängt. Ja, vieles, was ein Storchenkind wissen muss, lernt es von seinen Eltern.

Viel Zeit haben wir nicht mehr. Bald gehen sie ganz alleine auf ihre erste große Reise nach Afrika. Bis dahin müssen sie selbständige Störche geworden sein. Aber das schaffen sie.

Proud of their flying skills, they clatter away to us when they come back to the nest after one of their short trips. And we clatter too, praising them and encouraging them to make longer and longer trips. We show them the right way to fly, how to take off and land safely and how to glide effortlessly. They are fast learners. Then they have lessons in looking for food. Yes, finding food for themselves is something else they have to learn. Birdy and I fly with our young storks for the first time to a luscious green meadow. We show them how to creep up on prey and how to catch a frog or a mouse. Lots of the things a young stork needs to know it learns from its parents. We don't have much time left. Soon they will set off all by themselves on their first long journey to Africa. By then they must have learnt to be independent storks. But they'll manage.

Was Schlauberger wissen:

Jungstörche

Jungstörche trainieren ihre Flugmuskeln im Nest. Dafür springen sie mit Flügelschlägen in die Höhe. Richtig fliegen lernen sie aber erst bei den ersten Flugversuchen.

Die ersten Flüge dauern nur wenige Sekunden und sehen wackelig und unbeholfen aus. Von Tag zu Tag aber werden sie sicherer und sicherer. Die jungen Störche dehnen ihre Flüge immer weiter aus, bis sie geübte Flieger sind und in ihr Winterquartier nach Afrika ziehen können.

Bevor die Störche aber ihren weiten Weg nach Afrika antreten, müssen sie sich genug Fettreserven anfressen. Auch unterwegs müssen sie immer wieder gute Futterplätze finden, um die aufgebrauchten Fettreserven wieder aufzufüllen. Neben Fröschen, Eidechsen, Mäusen und Schlangen sind auch Heuschrecken ein beliebtes Futter. Ein erwachsener Storch frisst bis zu einem halben Kilo am Tag. Das entspricht ungefähr 40 Mäusen.

Die Jungstörche ziehen im August, vor ihren Eltern, zum ersten Mal von Europa nach Afrika in ihr Winterquartier. Dabei wissen sie erstaunlicherweise schon ganz genau, wohin und ob sie zuerst nach Osten oder nach Westen und dann nach Süden fliegen müssen.

Die Jungstörche kehren erst nach drei bis vier Jahren wieder an ihren Geburtsort zurück. An diesen erinnern sie ganz genau und wissen, wie sie zu diesem zurückfliegen müssen. Dort bauen sie dann ihre eigene Storchenburg, suchen sich einen Partner und bekommen ihre eigenen Storchenkinder.

Aber von 100 Jungstörchen, die von Deutschland nach Afrika ziehen, werden nur 30 wieder zurückkehren. Die anderen 70 werden auf dem langen und gefährlichen Zug nach Afrika ihr Leben verlieren.

What smartypants know:

Young storks

Young storks exercise their flying muscles in the nest by jumping up and flapping their wings. They don't learn to fly properly until they leave the nest on their first flying attempts. Their first flights last only a few seconds and look very wobbly and clumsy. But they get more and more confident every day. The young storks make longer and longer flights until they are practised flyers and are able to migrate to their winter quarters in Africa.

But before the storks set off on their long journey to Africa they have to build up enough fat reserves. They have to keep finding good feeding sites on the way as well, where they can replace the fat reserves they have used up. Storks like to eat grasshoppers, as well as frogs, lizards, mice and snakes.

An adult stork eats up to half a kilo each day (equivalent to around 40 mice).

The young storks leave Europe for their winter quarters in Africa for the first time in August, before their parents. Amazingly, they already know exactly where to go and whether to fly east or west first before flying south.

The young storks don't come back to their birthplace for three or four years. They remember their birthplace exactly and know how to get back to it.

Then they build their own stork nest there, look for a partner and have their own babies.

However, for every 100 young storks that set off from Germany to Africa, only 30 will return. Sadly, the other 70 will die on the long and dangerous journey to Africa.

Der Abschied

Immer seltener kommen unsere Storchenkinder nun zu uns ins Nest auf der alten Weide. Immer länger bleiben sie weg und tummeln sich mit all den anderen Jungstörchen auf der Storchenwiese.
Allmählich färben sich ihre schwarzen Schnäbel und auch die langen Beine leuchtend rot.
Ihre großen kräftigen Flügel sind nun gut trainiert für ihren ersten Flug nach Afrika.

Farewell

The children come back to our nest on the old willow less and less often now. They stay away for longer and longer, playing with all the other young storks on the stork meadow.
Their black bills and long legs gradually turn bright red.
Their big, powerful wings are now in good shape and ready for their first trip to Africa.

Ich fühle es, in ein paar Tagen werden wir Abschied nehmen müssen von unseren Storchis.

Noch besuchen sie uns auf unserer Storchenburg und manchmal bleiben sie auch über Nacht.

Doch meistens schlafen sie mit den anderen jungen Störchen auf einem Baum in unserer Nähe.

Und eines Morgens sind sie fort, einfach weggeflogen, hinein in ihr eigenes, freies Storchenleben.

Birdy und ich sind glücklich, dass wir es geschafft haben, zwei große, kräftige Storchenkinder in die Welt hinaus fliegen zu lassen.

I can feel it coming – in a few days we will have to say goodbye to our little storks.

They still come to see us sometimes at Stork Castle and sometimes they even spend the night there.

But most of the time they sleep with the other young storks on a tree nearby.

Then, one morning they are gone, flown off to lead their own independent lives. **Birdy and I are happy that we have managed to send two big, strong stork children out into the world.**

Was Schlauberger wissen:

Zugroute

*Die Weißstörche sind Zugvögel, die sich jedes Jahr auf eine weite und gefährliche Reise begeben. Im August/ September ziehen sie in ihr Winterquartier nach Afrika, aber nicht weil es ihnen im Winter bei uns zu kalt wäre, sondern weil sie nicht genug Nahrung finden würden und verhungern müssten. Denn alles was Störche gerne fressen, versteckt sich im Winter in der Erde. Im März kehren sie wieder zu uns zurück. Es gibt zwei Zugrouten, auf denen die Störche nach Afrika ziehen, eine Westroute und eine Ostroute. Deshalb spricht man auch von **Westziehern** und von **Ostziehern**. Die Störche, die auf der Westroute ziehen, fliegen über Frankreich bis nach Spanien, wo heute ein Teil der Störche den ganzen Winter verbringt. Viele fliegen aber weiter über die Meerenge von Gibraltar nach Westafrika in die Sahelzone und einige von ihnen sogar bis nach Südafrika. Die Störche, die auf der östlichen Route ziehen, fliegen über die Türkei und die Meerenge des Bosporus bis in den Sudan und von dort weiter nach Syrien, Ägypten bis nach Ostafrika, manche sogar bis Südafrika. Störche legen am Tag zwischen 250 und 300 Kilometer zurück, bei guten Wetterbedingungen können es auch 400 bis 500 Kilometer werden. Sie fliegen in einer Höhe bis zu 4000m und mit einer Geschwindigkeit von 35 bis 50 km in der Stunde. Zwischendurch legen sie immer wieder Ruhetage ein.*

What smartypants know:

Migration routes

*White storks are migratory birds that make a long and dangerous journey every year.
In August or September they move to their winter quarters in Africa. This is not because it would be too cold for them here in the winter, but because they would not find enough food and would starve. All the creatures that storks like to eat hide underground in the winter. The storks come back in March.
There are two routes that the storks take when they fly to Africa – a western route and an eastern route. That is why people also talk about **western storks** and **eastern storks.**
The storks that take the western route fly over France to Spain, where some storks now spend the whole winter. However, lots of them fly on over the Strait of Gibraltar to the Sahel region of West Africa, and some of them even travel as far as South Africa.
The eastern storks fly over Turkey and the Bosporus to Sudan and from there to Syria, Egypt and East Africa, while some of them continue as far as South Africa. Storks fly between 250 and 300 kilometres in a day, and up to 400 or 500 kilometres if the weather conditions are good. They fly at an altitude of up to 4000 metres and at speeds of 35 to 50 kilometres per hour. They have some days off on the way.*

Was Schlauberger wissen:

Thermik

Störche brauchen warme Aufwinde, die man Thermik nennt, damit sie möglichst schnell vom anstrengenden Fliegen mit Flügelschlag in den Segelflug übergehen können. Nur so ist es ihnen möglich, weite Strecken zurückzulegen. Morgens, wenn die Sonne auf die Erde scheint, wird kalte Luft am Boden erwärmt und steigt nach oben. Das nutzen die schlauen Störche aus und lassen sich mit dieser warmen Luft kreisend hoch hinauftragen., bis sie eine Reisehöhe von ungefähr 700 Meter erreicht haben. Manchmal steigen sie sogar bis zu 4000 Meter hinauf. Dann gleiten sie in den Segelflug. Da sie beim Segeln Höhe verlieren, müssen sie immer neue Aufwinde finden, die sie wieder hinauftragen. Findet ein Storch eine gute Thermik und gewinnt schnell wieder an Höhe, fliegen andere Störche hinterher. Das ist über Land nicht schwierig. Doch auf ihrem weiten Weg nach Afrika müssen die Störche auch das weite Mittelmeer überwinden. Da sich die Luft über großen Wasserflächen aber nicht gut erwärmt, finden sie dort nicht genug Aufwinde, die sie hinauftragen und segeln lassen. Deshalb wählen sie die kürzeste Route über die Meerengen des Mittelmeeres. Die Westzieher fliegen über die Meerenge von Gibraltar und die Ostzieher über den Bosporus. Am späten Nachmittag, wenn die Thermik nachlässt, landen sie auf ihren traditionellen Rastplätzen, die sie jedes Jahr wieder anfliegen, und übernachten dort.

What smartypants know:

Thermals

Storks need warm upcurrents of air, called thermals, so that they can stop flapping their wings to fly, which is tiring, and glide instead. This is the only way they can cover long distances.

In the morning, when the sun warms the earth, the cold air near the ground heats up and rises.

The clever storks use this air and let the warm currents carry them way up into the sky in wide circles until they reach their cruising altitude of around 700 metres. Sometimes they even go up as high as 4000 metres. Then they glide along. Since they lose height again while they are gliding, they need to keep finding new currents of warm air to carry them upwards. If a stork finds a good thermal and goes up again quickly, the other storks will follow.

This is not difficult over land. But on their long trip to Africa the storks also have to cross the wide Mediterranean Sea. Because the air over large bodies of water does not warm up much, they cannot find enough upcurrents to carry them up and to glide along on.

So they choose the shortest route across the Mediterranean using the straits.

Western storks fly over the Strait of Gibraltar, while eastern storks fly over the Bosporus.

Late in the afternoon, when there are fewer thermals, the storks land at their traditional resting sites, where they stop every year, and spend the night there.

Der Storchensommer geht zu Ende

Unsere Storchis sind nun fort. Abgeflogen nach Afrika. Klar, sie brauchen diesen Vorsprung. Sie sind noch jung und nicht so erfahren wie Birdy und ich.

In einigen Wochen werden auch wir aufbrechen und ihnen folgen. Doch jetzt müssen wir uns erst einmal auf diese lange Reise vorbereiten. Futtern und Kräfte sammeln, fliegen und dabei die Muskeln trainieren, denn der Flug nach Afrika ist kein Kinderspiel. Ich habe es euch ja schon am Anfang meiner Geschichte geklappert.

Noch ist Sommer, und wir finden auf den saftigen Wiesen, in den Teichen und in den Flussauen der Umgebung reichlich Nahrung. Doch die Tage vergehen schnell und langsam packt mich das Reisefieber. Ich kenne das, es ist immer so.

The stork summer draws to a close

Our stork children have flown the nest and taken off for Africa. They need the head-start. They are still young and not as experienced as Birdy and me.

We will follow in a few weeks. But first we have to prepare for the long journey. We have to eat and gather our strength, and fly around and exercise our muscles because the journey to Africa is not child's play. I told you about it at the beginning. It's still summer and we find plenty of food in the lush meadows and in the pools and flood plains of the surrounding area. But the days are passing and I'm slowly starting to get itchy feet. I know the feeling. It always happens.

Irgendetwas sagt mir, los Klappi, es wird Zeit. Immer deutlicher spüre ich es. Und dann ist es soweit. Der Abschied ist da, von Villa Storchenburg und von Birdy, meiner Frau. Auch sie macht sich nun, wie ich, auf den langen Weg nach Afrika.

Nein, zusammen fliegen wir nicht.

Erst im nächsten Storchensommer treffen wir uns wieder auf Storchenburg unserer Sommerresidenz.

Viel Glück Birdy!

Los geht's!

Es ist ein wunderbar, sonniger klarer Morgen. Mit einigen gekonnten Flügelschlägen bin ich in der Luft und lasse mich von dcn warmen Aufwinden immer höher und höher tragen.

I hear a voice telling me 'Go on, Clacky, it's time.' I hear it more and more clearly.

Then the day comes.

It's time to say goodbye to Stork Castle and to my wife, Birdy.

She too is setting off, like me, on the long trip to Africa.

But we don't fly together.

We won't meet again until next summer at Stork Castle, our summer residence.

Good luck, Birdy!

We're off!

It is a wonderful, clear, sunny morning. A few skilful wing beats and I am airborne and let the warm upcurrents carry me higher and higher.

Wie ich das liebe. Ich segle über die vertraute Stadt, über Wiesen, Wälder, Flüsse und Berge, immer weiter und weiter und mein innerer Kompass weist mir die Richtung.

Ein langer gefährlicher Weg liegt vor mir und ich werde viel erleben.

Aber davon klappere ich euch ein anderes Mal.

Wünscht mir Glück für meine Reise und bis bald

Klapp, klapp, Euer Klappi.

How I love this feeling! I glide over the familiar town, over meadows, woods, rivers and hills, further and further while my internal compass tells me which way to go.

I have a long and dangerous journey ahead of me and I will have lots of experiences.

But I'll clatter to you about those another time. Wish me luck on my journey. See you soon!

Clack-clack, from Clacky.

Was Schlauberger wissen:

Leichtbauweise des Vogelkörpers

Das Skelett

Das Skelett des Storches ist viel leichter als das eines gleich großen Säugetiers. Die langen Knochen sind hohl und von Luftkammern durchzogen. Damit sie nicht brechen, sind sie innen mit Streben verstärkt. Störche sind kompakt gebaut. Die schweren Körperteile liegen eng am Brustkorb und an der Wirbelsäule. So kann der Storch im Flug und am Boden sein Gleichgewicht halten Die Flugmuskulatur setzt am großen Brustbeinkiel an.

Das Gefieder

Das Federkleid der Störche schützt sie vor Kälte und Nässe und verleiht ihnen die Möglichkeit zu fliegen. Man unterscheidet dabei die Schwungfedern, die die Tragfläche der Flügel bilden, und die Schwanzfedern, die das Steuern und Bremsen ermöglichen. Die Deckfedern sind die äußere Schutzschicht der Störche und schützen den Körper vor Auskühlung. Obwohl eine einzelne Feder ein sehr geringes Gewicht hat, wiegt das Gefieder eines Storches etwa doppelt so viel wie sein Skelett.

Energieverbrauch

Obwohl die Störche durch den Segelflug viel Kraft sparen, haben sie aber durch die weiten Strecken einen hohen Energieverbrauch. Deshalb müssen sie sich große Fettreserven anfressen, die ihnen dann beim Fliegen genug Ausdauer und Kraft geben.

What smartypants know:

The lightweight construction of a bird's body

Skeleton

A stork's skeleton is much lighter than the skeleton of a mammal the same size. Its long bones are hollow and full of air pockets. To stop them snapping, they have struts inside to strengthen them. Storks have a compact body. Their heavy body parts lie close against the ribcage and spine. This means that storks can keep their balance when flying and on the ground.
Their flying muscles are attached to the keel of the sternum.

Plumage

A stork's feathers protect it against the cold and wet and enable it to fly.
A stork has different types of feathers: the flight feathers, which are the main wing feathers, and the tail feathers which are used for steering and braking.
The contour feathers are the outer protective layer that prevents the stork's body from getting too cold.
Although each individual feather is very light, a stork's plumage weighs about twice as much as its skeleton.

Energy consumption

Although storks save a lot of energy by gliding, they still use a lot of energy on their long trips. This means that they need to feed themselves up to build up large fat reserves so that they will have enough stamina and strength for flying.

Klappis Bitte an die Menschen

Ich, Klappi, habe euch mitgenommen in die Welt der Störche. Ich habe euch geklappert, wie wir Störche leben und wie gefahrvoll unser Leben ist.

Ihr Menschen:

Passt auf uns Störche auf!

Macht uns unsere schöne Storchenwelt nicht noch mehr kaputt.

Lasst uns die feuchten grünen Wiesen, damit wir gutes und gesundes Futter finden, das uns nicht krank macht oder gar tötet.

Kein Storch sollte seine Nahrung auf einer Müllkippe suchen müssen.

Lasst uns die guten Nistplätze auf den Bäumen und Türmen und helft uns mit geeigneten Nistunterlagen, damit wir dort unsere Storchenkinder groß ziehen können.

Clacky's plea to humans

I have taken you on a journey into the world of storks. I've told you how we live and how dangerous our lives are.

Please be nice to storks!

Don't ruin our beautiful stork world any more.

Leave the lush green meadows for us so that we can find healthy food that won't make us ill or kill us.

No stork should have to look for food on a rubbish tip.

Leave the good nesting places on trees and towers for us, and help us by providing suitable nest supports so that we can raise our stork chicks.

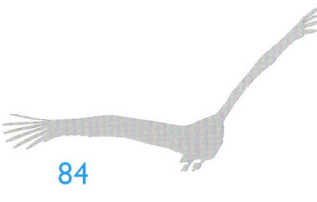

Wir brauchen sichere Flugrouten, um gefahrlos in unsere Winter- und Sommerquartiere ziehen zu können und wir brauchen auf dem Weg dorthin genug und gute Rastplätze.

Wir brauchen kluge Menschen, die für uns Störche und eine gesunde Umwelt mutig eintreten, damit wir überleben können.

We need safe flight paths to be able to migrate safely between our winter and summer quarters and we need enough good resting places on the way.

We need clever people who are brave enough to stand up for us storks and for a healthy environment, so that we can survive.

Liebe Schlauberger:

Nun wisst ihr schon eine ganze Menge über die Störche, aber vieles bleibt noch zu entdecken. Vielleicht gibt es ja den einen oder anderen Schlauberger, der Lust bekommen hat, sich näher mit den interessanten Störchen zu beschäftigen.

Dear smartypants:

You know a lot about storks now, but there is a lot left to discover. Maybe one or two of you have been inspired to study these interesting birds in more detail.

Impressum

Schlauberger -Verlag 2009-09

Vera und Harald Trachmann

Kornblumenring 42

www.schlauberger-verlag.de

Übersetzung ins Englische: Ros Mendy   www.rosmendy.co.uk

Lektorat: Arno Merkel

Fachliche Korrektur: Dr. Irmgard Meissl   **Korrektur**: Hannelore Abt

Bilder:

Fotos überwiegend von Vera und Harald Trachmann

Karte Zug der Störche: www.niederrheinstörche.de

Bilder Fotolia:

Eule: Seite 47 / Ratte: Matthias Krüttgen Seite 47 / Mondnacht: Ekku Seite 46 /

Igel: Andreas Hoba Seite 48 / Marder, Fuchs bei Nacht:Jaques Tournel Seite 48, 49 /

Junger Storch: Birgit Kutzera Seite 69 / Jungstörche im Nest: Martina Berg Seite 70 /

Familie Storch: es photo Seite 73 / Fuchs lauernd: beau renard roux /

Storch mit Beute: Jörg Franzen Seite 33 / Storch einbeinig: Carsten Steps Seite 33

Layout, Satz und Bildbearbeitung:

Eilinghoff+Team   Kommunikations- und Werbeagentur   www.eilinghoff.de

Druck: Druckhaus Cramer   www.cramer.de

Schlauberger Verlag

Mein Leben ist so toll und aufregend, dass ich euch unbedingt davon erzählen muss. Ich zeige euch faszinierende Bilder von mir und meiner Bienenfamilie, die ihr bestimmt noch nicht gesehen habt. Kommt doch einfach mit in meine wunderbare Bienenwelt, ich bin sicher, es wird euch gefallen.

Dieses Schlauberger Buch ist in Mecklenburg-Vorpommern für den Englischunterricht an Grundschulen zugelassen. Es wird von der NAJU, der Jugendorganisation des NABU empfohlen.

ISBN 978-3-9812432-0-8
Buchpreis 23,90 EUR

„SUMMS UND DIE HONIGBIENEN IST WEDER EIN TROCKENES SACHBUCH NOCH EIN MÄRCHEN NACH DEM VORBILD DER BIENE MAJA; ABER ES STECKT VOLLER SPANNENDER GESCHICHTEN, UND ZWAR AUS DEM ECHTEN ABENTEUERLICHEN LEBEN JEDER HONIGBIENE"
Spektrum der Wissenschaft, Ausgabe 05/09

Dieses deutsch-englische Kindersachbuch lässt uns einfühlsam und naturgetreu, mit faszinierenden Bildern, miterleben, wie kleine Amseln groß werden.

Vom Nestbau, über das legen der Eier, vom Füttern, bis zum Verlassen des Nestes, bis hin zum Selbständigwerden der kleinen Amselkinder, dürfen wir an der Entwicklung teilhaben.

Dieses Schlauberger Buch ist von der Schulbuchkommission in Mecklenburg-Vorpommern für den frühen Englischunterricht und den Sachkundeunterricht an Grundschulen zugelassen.

Es wird von der NAJU, der Jugendorganisation des NABU empfohlen.

ISBN 978-3-00-019789-5
Preis: 16,90 EUR

Bestellen können Sie die Bücher über den Buchhandel oder direkt beim Schlauberger-Verlag unter www.schlauberger-verlag.de oder senden Sie ein Fax mit Ihrer Bestellung an 05971 14357.

The books can be ordered through bookshops or directly from the publisher, Schlauberger-Verlag. Email info@schlauberger-verlag.de or send a fax to +49 (0)5971 14357.

schlau schlauer Schlauberger schlauer schlau

Wie der Storch in verschiedenen Ländern heißt.

The names for stork in the different countries.

Hvit stork	Norwegen Norway
Vit stork	Schweden Sweden
Heikara	Finnland Finland
Bely Aist	Russland Russia
Hvid stork	Dänemark Danmark
White Stork	England England
Ooievaar	Niederlande Netherlands
Weißstorch	Deutschland Germany
Bocian bialy	Polen Poland
Cigogne blanche	Frankreich France
Ciconia bianca	Italien Italy
Cegonha branca	Portugal Portugal
Cigüeña común	Spanien Spain
Witooievaar	Südafrika South Africa